南無阿彌陀佛

南無本師釋迦牟尼佛

南無地藏菩薩

淨宗九祖靈峰蕅益大師

占察善惡業報經暨行法

隋　外國沙門　菩提燈　譯
古吳蕅益沙門　智旭　集

八十八叟淨空敬題

淨空

謹以此印製流通法寶功德迴向恩師

上淨下空上人法體安康，長住弘法！

目録

南無本師釋迦牟尼佛（三稱）

開經偈

無上甚深微妙法
百千萬劫難遭遇
我今見聞得受持
願解如來真實義

占察善惡業報經卷上

（出六根聚經中）

天竺三藏菩提燈譯

如是我聞。一時婆伽婆一切智人。在王舍城耆(音齊)闍(音都)崛(音決)山中。以神通力。示廣博嚴淨無礙道場。與無量無邊諸大衆俱。演說甚深根聚法門。爾時會中有菩薩。名堅淨信。從座而起。整衣服。偏袒(音坦)右肩。合掌白佛言。我今於此衆中。欲有所問。諮請世尊。願垂聽許。佛言。善男子。隨汝所問。便可說之。堅淨信菩薩言。如佛先說。若我去世。正法滅後。像法向盡。及入末世。如是之時。眾生福薄。多諸衰惱。國土數亂。災害頻起。種種厄難。怖懼逼繞〔一〕。我諸弟子。失其善念。唯長貪瞋嫉妬我慢。設有像似行善法者。但求世間利養名稱。以之為主。不能專心修出要法。爾時眾生覩世災亂。心常怯弱。憂畏己身及諸親屬。不得衣食充養軀命。以如此等眾多障礙因緣故。於佛法中鈍根少信。得道者極少。乃至漸漸於三乘中。信心成就者亦復甚尠（音顯）。所有修學世間禪定。發諸通業。自知宿命者。次轉無有。如是於後入末法中經久。得道獲信禪定通業等。一切全無。我今為此未來惡世像法向盡。及末法中有微少善根者。請問如來。設何方便開化示導〔二〕。令生信心。得除衰惱。以彼眾生遭值惡時。多障礙故。退其善心。於世間出世間因果法中。數起疑惑。不能堅心專求善法。如是眾生。可愍（音敏）可救。世尊大慈。一切種智。願興方便而曉喻之。令離疑網。除諸障礙。信得增長。隨於何乘速獲不退。佛告堅淨信言。善哉。善哉。快問斯事。深適我意。今此眾中。有菩薩摩訶薩。名曰地藏。汝應以此事而請問之。彼當為汝建立方便。開示演說。成〔三〕汝所願。時堅淨信菩薩復白佛言。如來世尊。無上大智。何意不說。乃欲令彼地藏菩薩而演說之。

佛告堅淨信。汝莫生高下想。此善男子。發心已來。過無量無邊不可思議阿僧祇（音齊）劫。久已能度薩婆若海。功德滿足。但依本願自在力故。權巧現化。影應十方。雖復普游一切剎土。常起功業。而於五濁惡世。化益偏厚。亦依本願力所熏習故。及因眾生應受化業故也。彼從十一劫來。莊嚴此世界。成熟眾生。是故在斯會中。身相端嚴。威德殊勝。唯除如來。無能過者。又於此世界所有化業。唯除徧吉。觀世音等。諸大菩薩。皆不能及。以是菩薩本誓願力。速滿眾生一切所求。能滅眾生一切重罪。除諸障礙。現得安隱。又是菩薩。名為善安慰說者。所謂巧說〔四〕深法。能善開導初學發意求大乘者。令不怯弱。以如是等因緣。於此世界。眾生渴仰。受化得度。是故我今令彼說之。爾時堅淨信菩薩。既解佛意已。尋即勸請地藏菩薩摩訶薩言。善哉。救世真士。善哉。大智開士。如我所問。惡世眾生。以何方便而化導之。使離諸障。得堅固信。如來今者。為欲令汝說是方便。宜當知時。哀愍為說。

爾時地藏菩薩摩訶薩。語堅淨信菩薩摩訶薩言。善男子諦聽。當為汝說。若佛滅後。惡世之中。諸有比丘比丘尼優婆塞優婆夷。於世間出世間因果法。未得決定信。不能修學無常想。苦想。無我想。不淨想。成就現前。不能勤觀四聖諦法。及十二因緣法。亦不勤觀真如。實際。無生無滅等法。以不勤觀如是法故。不能畢竟不作十惡根本過罪。於三寶功德種種境界。不能專信。於三乘中。皆無定向。如是等人。若有種種諸障礙事。增長憂慮。或疑或悔。於一切處。心不明了。多求多惱。眾事牽纏。所作不定。思想繞〔五〕亂。廢修道業。有如是等障難事者。當用木輪相法。占察善惡宿世之業。現在苦樂吉凶等事。緣合故有。緣盡則滅。業集隨心。相現果起。不失不壞。相應不差。如是諦占善惡業報。曉喻自心。於所疑事。以取決了。若佛弟子。但當學習如此相法。至心歸依。所觀之事。無不成者。不應棄捨如是之法。而返隨逐世間卜筮種種占相吉凶等事。貪著樂習。若樂習者。深障聖道。善男子。欲學木輪相者。先當刻木如小指許。使長短減於一寸。正中令其四面方平。自餘向兩頭斜漸去之。仰手傍擲。令使易轉。因是義故。說名為輪。又依此相。能破壞眾生邪見疑網。轉向正道。到安隱處。是故名輪。其輪相者。有三種差別。何等為三。一者輪相。能示宿世所作善惡業種差別。其輪有十。二者輪相。能示宿世集業久近。所作強弱大小差別。其輪有三。三者輪相。能示三世中受報差別。其輪有六。若欲觀宿世所〔六〕作善惡業差別者。當刻木為十輪。依此十輪。書記十善之名。一善主在一輪。於一面記。次以十惡書對十善。令使相當。亦各記在一面。言十善者。則為一切眾善根本。能攝一切諸餘善法。言十惡者。亦為一切眾惡根本。能攝一切諸餘惡法。若欲占此輪相者。先當學至心總禮十方一切諸佛。因即立願。願令十方一切眾生。速疾皆得親近供養。諮受正法。次應學至心敬禮十方一切法藏。因即立願。願令十方一切眾生。速疾皆得受持讀誦。如法修行。及為他說。次當學至心敬禮十方一切賢聖。因即立願。願令十方一切眾生。速疾皆得親近供養。發菩提心。至不退轉。後應學至心禮我地藏菩薩摩訶薩。因即立願。願令十方一切眾生。速得除滅惡業重罪。離諸障礙。資生眾具。悉皆充足。如是禮已。隨所有香華等。當修供養。修供養者。憶念一切佛法僧寶。體常徧滿。無所不在。願令以此香華。等同法性。普熏一切諸佛剎土。施作佛事。又念十方一切供具。無時不有。我今當以十方所有一切種種香華瓔珞。幢(音床)幡(音翻)寶蓋。諸珍妙飾。種種音樂。燈明燭火。飲食衣服。臥具湯藥。乃至盡十方所有一切種種莊嚴供養之具。憶想遙擬。普共眾生奉獻供養。

常〔七〕念一切世界中有修供養者。我今隨喜。若未修供養者。願得開導令修供養。又願我身。速能徧至一切剎土。於一一〔八〕佛法僧所。各以一切種莊嚴供養之具。共一切眾生。等持奉獻。供養一切諸佛法身色身。舍利形像。浮圖廟塔。一切佛事。供養一切所有法藏及說法處。供養一切賢聖僧眾。願共一切眾生。修行如是供養已。漸得成就六波羅蜜。四無量心。深知一切法。本來寂靜。無生無滅。一味平等。離念清淨。畢竟圓滿。又應別復係心供養我地藏菩薩摩訶薩。次〔九〕當稱名。若默誦念。一心告言南無地藏菩薩摩訶薩。如是稱名。滿足至千。經千念已。而作是言。地藏菩薩摩訶薩。大慈大悲。惟願護念我。及一切眾生。速除諸障。增長淨信。令今所觀。稱實相應。作此語已。然後手執木輪。於淨物上而傍擲之。如是欲自觀法。若欲觀他。皆亦如是應知。占其輪相者。隨所現業。悉應一一諦觀思驗。或純具十善。或純具十惡。或善惡交雜。或純善不具。或純惡不具。如是業因。種類不同。習氣果報。各各別異。如佛世尊餘處廣說。應當憶念思惟觀察所現業種。與今世果報所經苦樂吉凶等事。及煩惱業習得相當者。名為相應。若不相當者。謂不至心。名虛謬也。若占輪相。其善惡業俱不現者。此人已證無漏智心。專求出離。不復樂受世間果報。諸有漏業。展轉微弱更不增長。是故不現。又純善不具純惡不具者。此二種人善惡之業所有不現者。皆是微弱未能牽果。是故不現。若當來世佛諸弟子。已占善惡果報得相應者。於五欲眾具得。稱意時。勿當自縱以起放逸。即應思念。由我宿世如是善業故。今獲此報。我今乃可轉更進修。不應休止。若遭眾厄種種衰惱不吉之事。繞〔十〕亂憂怖。不稱意時。應當甘受。無令疑悔。退修善業。即當思念。但由我宿世造如是惡業故。今獲此報。我今應當悔彼惡業。專修對治及修餘善。無得止住懈怠放逸。轉更增集種種苦聚。是名占察初輪相法。善男子。若欲占察過去往昔集業久近。所作強弱大小差別者。當復刻木為三輪。以身口意各主一輪。書字記之。又於輪正中一面。書一畫令粗長。使徹畔。次第二面。書一畫令細短。使不至畔(音盼)。次第三面。作一傍刻如畫。令其粗深。次第四面。亦作傍刻。令使細淺。當知善業莊嚴。猶如畫飾。惡業衰害。猶如損刻。其畫長大者。顯示積善來久。行業猛利。所作增上。其畫細短者。顯示積善來近。始習基鈍。所作微薄。其刻粗深者。顯示習惡來久。所作增上。餘殃亦厚。其刻細淺者。顯示退善來近。始習惡法。所作之業。未至增上。或雖起重惡。已曾改悔。此謂小惡。善男子。若占初輪相者。但知宿世所造之業善惡差別。而不能知積習久近。所作之業強弱大小。是故須占第二輪相。若占第二輪相者。當依初輪相中所現之業。若屬身者。擲身輪相。若屬口者。擲口輪相。若屬意者。擲意輪相。不得以此三輪之相一擲通占。應當隨業。主念一一善惡。依所屬輪。別擲占之。

復次。若占初輪相中。唯得身之善。於此第二輪相中得身惡者。謂無至心。不得相應。名虛謬也。又復不相應者。謂占初輪相中。得不殺業。及得偷盜業。意先主觀不殺業。而於第二輪相中得身惡者。名不相應。

復次若觀現在從生以來。不樂殺業。無造殺罪。但意主殺業。而於此第二輪相中得身大惡者。謂名不相應。自餘口意中業不相應義。亦如是應知。善男子。若未來世諸眾生等。欲求度脫生老病死。始學發心修習禪定無相智慧者。應當先觀宿世所作惡業多少及以輕重。若惡業多厚者。不得即學禪定智慧。應當先修懺悔之法。所以者何。此人宿習惡心猛利故。於今現在必多造惡。毀犯重禁。以犯重禁故。若不懺悔令其清淨。而修禪定智慧者。則多有障礙。不能剋獲。或失心錯亂。或外邪所惱。或納受邪法。增長惡見。是故當先修懺悔法。若戒根清淨。及宿世重罪得微薄者。則離諸障。善男子。欲修懺悔法者。當住靜處。隨力所能。莊嚴一室。內置佛事。及安經法。懸繒(音增)幡蓋。求集香華。以修供養。澡浴〔十二〕身體。及洗衣服。勿令臭穢。於晝日分。在此室內。三時稱名。一心敬禮過去七佛及五十三佛。次隨十方面。一一總歸。擬心徧禮一切諸佛所有色身舍利形像浮圖廟塔一切佛事。次復總禮十方三世所有諸佛。又當擬心徧禮十方一切法藏。次當擬心徧禮十方一切賢聖。然後更別稱名禮我地藏菩薩摩訶薩。如是禮已。應當說所作罪。一心仰告。

惟願十方諸大慈尊。證知護念。我今懺悔。不復更造。願我及一切衆生。速得除滅無量劫來。十惡四重。五逆顛倒。謗毀三寶一闡提罪。復應思惟。如是罪性。但從虛妄顛倒心起。無有定實而可得者。本唯空寂。願〔十二〕一切衆生速達心本。永滅罪根。次應復發勸請之願。願令十方一切菩薩。未成正覺者。願速成正覺。若已成正覺者。願常住在世。轉正法輪。不入涅槃。次當復發隨喜之願。願我及一切衆生。畢竟永捨嫉妬之心。於三世中一切刹土。所有修學一切功德及成就者。悉皆隨喜。次當復發迴向之願。願我所修一切功德。資益一切諸眾生等。同趣佛智。至涅槃城。如是發迴向願已。復往餘靜室。端坐一心。若稱誦。若默念我之名號。當減省睡眠。若惛音敏蓋多者。應於道場室中旋遶誦念。次至夜分時。若有燈燭光明事者。亦應三時恭敬供養悔過發願。若不能辨光明事者。應當直在餘靜室中一心誦念。日日如是行懺悔法。勿令懈廢。若人宿世遠有善基。暫時遇惡因緣而造惡法。罪障輕微。其心猛利。意力強者。經七日後。即得清淨。除諸障礙。如是眾生等。

業有厚薄。諸根利鈍。差別無量。或經二七日後而得清淨。或經三七日。乃至或經七七日後而得清淨。若過去現在。俱有增上種種重罪者。或經百日而得清淨。或經二百日。乃至或經千日而得清淨。若極鈍根。罪障最重者。但當能發勇猛之心。不顧惜身命想。常勤稱念。晝夜旋遶。減省睡眠。禮懺發願。樂修供養。不懈不廢。乃至失命。要不休退。如是精進。於千日中必獲清淨。

善男子。若欲得知〔十三〕清淨相者。始從〔十四〕修行過七日後。當應〔十五〕日日於晨朝旦。以第二輪相具安手中。頻三擲之。若身口意皆純善者。名得清淨。如是未來諸眾生等。能修行懺悔者。從先過去久遠以來。於佛法中。各曾習善。隨其所修何等功德。業有厚薄種種別異。是故彼等得清淨時。相亦不同。或有眾生。得三業純善時。即更得諸餘好相。或有眾生得三業善相時。於一日一夜中。復見光明徧滿其室。或聞殊特異好香氣。身意快然。或作善夢。夢見佛色〔十六〕身來為作證。手摩其頭。歎言善哉。汝今清淨。我來證汝。或夢見菩薩身來為作證。或夢見佛形像放光而為作證。若人未得三業善相。但先見聞如此諸事者。則為虛妄誑惑詐偽。非善相也。若人曾有出世善基。攝心猛利者。我於爾時。隨所應度而為現身。放大慈光。令彼安隱。離諸疑怖。或示神通種種變化。或復令彼自憶宿命所經之事所作善惡。或復隨其所樂。為說種種深要之法。彼人即時於所向乘得決定信。或漸證獲沙門道果。

復次彼諸眾生。若雖未能見我化身轉變說法。但當學至心。使身口意得清淨相已。我亦護念。令彼眾生速得消滅種種障礙。天魔波旬。不來破壞。乃至九十五種外道邪師一切鬼神。亦不來亂。所有五蓋。展轉輕微。堪能修習諸禪智慧。

復次若未來世諸眾生等。雖不為求禪定智慧出要之道。但遭種種眾厄。貧窮困苦。憂惱逼迫者。亦應恭敬禮拜供養。悔所作惡。恒常發願。於一切時一切處。勤心稱誦我之名號。令其至誠。亦當速脫種種衰惱。捨此命已。生於善處。

復次未來之世〔十七〕。若在家。若出家。諸眾生等。欲求受清淨妙戒。而先已作增上重罪。不得受者。亦當如上修懺悔法。令其至心。得身口意善相已。即應可受。若彼眾生。欲習摩訶衍道。求受菩薩根本重戒。及願總受在家出家一切禁戒。所謂攝律儀戒。攝善法戒。攝化眾生戒。而不能得善好戒師。廣解菩薩法藏。先修行者。應當至心於道場內。恭敬供養。仰告十方諸佛菩薩。請為師證。一心立願。稱辯戒相。先說十根本重戒。次當總舉三種戒聚。自誓而受。此亦得戒。

復次未來世諸眾生等。欲求出家。及已出家。若不能得善好戒師及清淨僧眾。其心疑惑。不得如法受於禁戒者。但能學發無上道心。亦令身口意得清淨已。其未出家者。應當剃髮。被服法衣。如上立願。自誓而受菩薩律儀三種戒聚。則名具獲波羅提木叉出家之戒。名為比丘比丘尼。即應推求聲聞律藏。及菩薩所習摩德勒伽藏。受持讀誦。觀察修行。若雖出家。而其年未滿二十者。應當先誓願受十根本戒。及受沙彌沙彌尼所有別戒。既受戒已。亦名沙彌沙彌尼。即應親近供養給侍先舊出家學大乘心具受戒者。求為依止之師。請問教戒。修行威儀。如沙彌沙彌尼法。若不能值如是之人。

唯當親近菩薩所修摩德勒伽藏。讀誦思惟。觀察修行。應〔十八〕勤供養佛法僧寶。若沙彌尼年已十八者。亦當自誓受毗尼藏中式叉摩那六戒之法。及徧學比丘尼一切戒聚。其年若滿二十時。乃可如上總受菩薩三種戒聚。然後得名比丘比丘尼。若彼眾生。雖學懺悔。不能至心。不獲善相者。設作受想。不名得戒。

爾時堅淨信菩薩摩訶薩。問地藏菩薩摩訶薩言。所說至心者。差別有幾種。何等至心。能獲善相。地藏菩薩摩訶薩言。善男子。我所說至心者。略有二種。何等為二。一者初始學習求願至心。二者攝意專精成就勇猛相應至心。得此第二至心者。能獲善相。此第二至心。復有下中上三種差別。何等為三。一者一心。所謂係想不亂。心住了了。二者勇猛心。所謂專求不懈。不顧身命。三者深心。所謂與法相應。究竟不退。若人修習此懺悔法。乃至不得下至心者。終不能獲清淨善相。是名說占第二輪法。

善男子。若欲占察三世中受報差別者。當復刻木為六輪。於此六輪。以一二三。四五六。七八九。

十十一十二。十三十四十五。十六十七十八等數。書字記之。一數主一面。各書〔十九〕三面。令數次第不錯不亂。當知如此諸數。皆從一數而起。以一為本。如是數相者。顯示一切眾生六根之聚。皆從如來藏自性清淨心一實境界而起。依一實境界。以之為本。所謂依一實境界故。有彼無明。不了一法界。謬念思惟。現妄境界。分別取著。集業因緣。生眼耳鼻舌身意等六根。以依內六根故。對外色聲香味觸法等六塵。起眼耳鼻舌身意等六識。以依六識故。於色聲香味觸法中。起違想。順想。非違非順等想。生十八種受。若未來世佛諸弟子。於三世中所受果報。欲決疑意者。應當三擲此第三輪相。占計合數。依數觀之。以定善惡。如是所觀三世果報善惡之相。有一百八十九種。何等為一百八十九種。一者求上乘得不退。二者所求果現當證。三者求中乘得不退。四者求下乘得不退。五者求神通得成就。六者修四梵得成就。七者修世禪得成就。八者所欲受得妙戒。九者所曾受得戒具。十者求上乘未住信。十一者求中乘未住信。十二者求下乘未住信。十三者所觀人為善友。十四者隨所聞是正法〔二十〕。十五者所觀人為惡友。十六者隨所聞非正教。十七者所觀人有實德。十八者所觀人無實德。十九者所觀義不錯謬。二十者所觀義是錯謬。二十一者有所誦不錯謬。二十二者有所誦是錯謬。二十三者所修行不錯謬。二十四者所見聞是善相。二十五者有所證為正〔二一〕實。二十六者有所學是錯謬。二十七者所見聞非善相。二十八者有所證非正法。二十九者有所獲邪神持。三十者所能說邪智辯。三十一者所玄知非人力。三十二者應先習觀智道。三十三者應先習禪定道。三十四者觀所學無障礙。三十五者觀所學是所宜。三十六者觀所學非所宜。三十七者觀所學是宿習。三十八者觀所學非宿習。三十九者觀所學善增長。四十者觀所學方便少。四十一者觀所學無進趣。四十二者所求果現未得。四十三者求出家當得去。四十四者求聞法得教示。四十五者求經卷得讀誦。四十六者觀所作是魔事。四十七者觀所作事成就。四十八者觀所作事不成。四十九者求大富財盈滿。五十者求官位當得獲。五十一者求壽命得延年。五十二者求世仙當得獲。五十三者觀學問多所達。五十四者觀學問少所達。五十五者求師友得如意。五十六者求弟子得如意。五十七者求父母得如意。五十八者求男女得如意。五十九者求妻妾得如意。六十者求同伴得如意。六十一者觀所慮得和合。六十二者所觀人心懷恚。六十三者求無恨得歡喜。六十四者求和合得如意。六十五者所觀人心歡喜。六十六者所思人得會見。六十七者所思人不復會。六十八者所請喚得來集。六十九者所憎惡得離之。七十者所愛敬得近之。七十一者觀欲聚得和集。七十二者觀欲聚不和集。七十三者所請喚不得來。七十四者所期人必當至。七十五者所期人住不來。七十六者所觀人得安吉。七十七者所觀人不安吉。七十八者所觀人已無身。七十九者所望見得覩之。八十者所求覓得見之。八十一者求所聞得吉語。八十二者所求見不如意。八十三者觀所疑即為實。八十四者觀所疑為不實。八十五者所觀人不和合。八十六者求佛事當得獲。八十七者求供具當得獲。八十八者求資生得如意。八十九者求資生少得獲。九十者有所求皆當得。九十一者有所求皆不得。九十二者有所求少得獲。九十三者有所求得如意。九十四者有所求速當得。九十五者有所求久當得。九十六者有所求而損失。九十七者有所求得吉利。九十八者有所求而受苦。九十九者觀所失求當得。一百者觀所失求不得。一百一者觀所失自還得。一百二者求離厄得脫難。一百三者求離病得除愈。一百四者觀所去無障難〔二二〕。一百五者觀所去有障難〔二三〕。一百六者觀所住得安止。一百七者觀所住不得安。一百八者所向處得安快。一百九者所向處有厄難。一百一十者所向處為魔網。

一百一十一者所向處難開化。一百一十二者所向處可開化。一百一十三者所向處自獲利。一百一十四者所游路無惱害。一百一十五者所游路有惱害。一百一十六者君民惡饑饉起。一百一十七者君民惡多疾疫。一百一十八者君民好國豐樂。一百一十九者君無道國災亂。一百二十者君修德災亂滅。一百二十一者君行惡國將破。一百二十二者君修善國還立。一百二十三者觀所避得度難。一百二十四者觀所避不脫難。一百二十五者所住處眾安隱。一百二十六者所住處有障難。一百二十七者所依聚眾不安。一百二十八者閑靜處無諸難。一百二十九者觀怪異無損害。一百三十者觀怪異有損害。一百三十一者觀怪異精進安。一百三十二者觀所夢無損害。一百三十三者觀所夢有損害〔二四〕。一百三十四者觀所夢精進安。一百三十五者觀所夢為吉利。一百三十六者觀障難〔二五〕速得離。一百三十七者觀障亂漸得離。一百三十八者觀障亂不得離。一百三十九者觀障亂一心除。一百四十者觀所難速得脫。一百四十一者觀所難久得脫。一百四十二者觀所難受衰惱。

一百四十三者觀所難精進脫。一百四十四者觀所難命當盡。一百四十五者觀所患大不調。一百四十六者觀所患非人惱。一百四十七者觀所患合非人。一百四十八者觀所患可療治。一百四十九者觀所患難療治。一百五十者觀所患精進差。一百五十一者觀所患久長苦。一百五十二者觀所患自當差。一百五十三者觀所患向醫堪能治。一百五十四者觀所療是對治。一百五十五者所服藥當得力。一百五十六者觀所患得除愈。一百五十七者所向醫不能治。一百五十八者觀所療非對治。一百五十九者所服藥不得力。一百六十者觀所患命當盡。一百六十一者從地獄道中來。一百六十二者從畜生道中來。一百六十三者從餓鬼道中來。一百六十四者從阿修羅道中來。一百六十五者從人道中而來。一百六十六者從天道中而來。一百六十七者從在家中而來。一百六十八者從出家中而來。一百六十九者曾值佛供養來。一百七十者曾親供養賢聖來。一百七十一者曾得聞深法來。一百七十二者捨身已入地獄。一百七十三者捨身已作畜生。一百七十四者捨身已作餓鬼。

一百七十五者捨身已作阿修羅。一百七十六者捨身已生人道。一百七十七者捨身已為人王。一百七十八者捨身已生天道。一百七十九者捨身已為天王。一百八十者捨身已聞深法。一百八十一者捨身已得出家。一百八十二者捨身已值聖僧。一百八十三者捨身已生兜率天。一百八十四者捨身已生淨佛國。一百八十五者捨身已尋見佛。一百八十六者捨身已住〔二六〕下乘。一百八十七者捨身已住中乘。一百八十八者捨身已獲果證。一百八十九者捨身已入上乘。善男子。是名一百八十九種善惡果報差別之相。如此占法。隨心所觀主念之事。若數合與意相當者。無有乖錯。若其所擲所合之數。數與心所觀主念之事不相當者。謂不至心。名為虛謬。其有三擲而皆無所見者。此人則名已得無所有也。

復次善男子。若自發意觀於他人所受果報。事亦同爾。若有他人不能自占。而來求請欲使占者。應當籌量觀察自心。不貪世間。內意清淨。然後乃可如上歸敬修行供養。至心發願而為占察。不應貪求世間名利。如行師道以自妨亂。又〔二七〕若內心不清淨者。設令占察而不相當。但為虛謬耳。

復次若未來世諸眾生等。一切所占。不獲吉善。所求不得。種種憂慮。逼惱怖懼時。應當晝夜常勤誦念我之名字。若能至心者。所占則吉。所求皆獲。現離衰惱。

占察善惡業報經卷下

天竺三藏菩提燈譯

爾時堅淨信菩薩摩訶薩。問地藏菩薩摩訶薩言。云何開示求向大乘者進趣方便。地藏菩薩摩訶薩言。善男子。若有衆生欲向大乘者。應當先知最初所行根本之業。其最初所行根本業者。所謂依止一實境界以修信解。因修〔一〕信解力增長故。速疾得入菩薩種性。所言一實境界者。謂衆生心體。從本以來。不生不滅。自性清淨。無障無礙。猶如虛空。離分別故。平等普徧。無所不至。圓滿十方。究竟一相。無二無別。不變不異。無增無減。以一切眾生心。一切聲聞辟支佛心。一切菩薩心。一切諸佛心。皆同不生不滅。無染無淨〔三〕。真如相故。所以者何。一切有心起分別者。猶如幻化。無有真實。所謂識受想行。憶念緣慮覺知等法。種種心數。非青非黃。非赤非白。亦非雜色。無有長短方圓大小。乃至盡於十方虛空一切世界。求心形狀。無一區分而可得者。但以眾生無明痴暗熏習因緣。現妄境界。令生念著。所謂此心。不能自知。妄自謂有。起覺知想。

計我我所而實無有覺知之相。以此妄心畢竟無體。不可見故。若無覺知能分別者。則無十方三世一切境界差別之相。以一切法。皆不能自有。但依妄心分別故有。所謂一切境界。各各不自念為有。知此為自。知彼為他。是故一切法不能自有。則無別異。唯依妄心。不知不了內自無故。謂有前外所知境界。妄生種種法想。謂有謂無。謂彼謂此。謂是謂非。謂好謂惡。乃至妄生無量無邊法想。當如是知一切諸法。皆從妄想生。依妄心為本。然此妄心無自相故。亦依境界而有。所謂緣念覺知前境界故。說名為心。又此妄心。與前境界。雖俱相依。起無先後。而此妄心。能為一切境界源主。所以者何。謂依妄心不了法界一相。故說心有無明。依無明力因故。現妄境界。亦依無明滅故。一切境界滅。非依一切境界自不了故。說境界有無明。亦非依境界故。生於無明。以一切諸佛。於一切境界不生無明故。又復不依境界滅故。無明心滅。以一切境界。從本已來體性自滅。未曾有故。因如此義。是故但說一切諸法依心為本。當知一切諸法。悉名為心。以義體不異。

為心所攝故。又一切諸法。從心所起。與心作相。和合而有。共生共滅。同無有住。以一切境界。但隨心所緣。念念相續故。而得住持。暫時為有。如是所說心義者。有二種相。何等為二。一者心內相。二者心外相。心內相者。復有二種。云何為二。一者真。二者妄。所言真者。謂心體本相。如如不異。清淨圓滿。無障無礙。微密難見。以徧一切處常恒不壞。建立生長一切法故。所言妄者。謂起念分別覺知緣慮憶想等事。雖復相續。能生一切種種境界。而內虛偽。無有真實。不可見故。所言心外相者。謂一切諸法種種境界等。隨有所念境界現前。故知有內心及內〔三〕心差別。如是當知內妄相者。為因為體。外妄相者。為果為用。依如此等義。是故我說一切諸法悉名為心。又復當知心外相者。如夢所見種種境界。唯心想作。無實外事。一切境界。悉亦如是。以皆依無明識夢所見。妄想作故。復次。應知內心念念不住故。所見所緣一切境界亦隨心念念不住。所謂心生故種種法生。心滅故種種法滅。是生滅相。但有名字。實不可得。以心不往至於境界。境界亦不來至於心。如鏡中像。無來無去。是故一切法。求生滅定相。了不可得。所謂一切法畢竟無體。本來常空。實不生滅故。如是一切法實不生滅者。則無一切境界差別之相。寂靜一味。名為真如第一義諦自性清淨心。彼自性清淨心。湛然圓滿。以無分別相故。無分別相者。於一切處。無所不在。無所不在者。以能依持建立一切法故。復次。彼心名如來藏。所謂具足無量無邊不可思議無漏清淨功德之業。以諸佛法身。從無始本際來。無障無礙。自在不滅。一切現化。種種功業。恒常熾然。未曾休息。所謂徧一切世界。皆示作業。種種化益故。以一佛身。即是一切諸佛身。一切諸佛身。即是一佛身。所有作業。亦皆共一。所謂無分別相。不念彼此。平等無二。以依一法性而有作業。同自然化。體無別異故。如是諸佛法身。徧一切處。圓滿不動故。隨諸眾生死此生彼。恒為作依。譬如虛空。悉能容受一切色像種種形類。以一切色像種種形類。皆依虛空而有建立生長。住虛空中。為虛空處所攝。以虛空為體。無有能出虛空界分者。當知色像之中。虛空之界不可毀滅。色像壞時。還歸虛空。

而虛空本界。無增無滅。不動不變。諸佛法身。亦復如是。悉能容受一切眾生種種果報。以一切眾生種種果報。皆依諸佛法身而有建立生長。住法身中。為法身處所攝。以法身為體。無有能出法身界分者。當知一切眾生身中。諸佛法身亦不可毀滅。若煩惱斷壞時。還歸法身。而法身本界無增無滅。不動不變。但從無始世來。與無明心俱。痴暗因緣熏習力故。現妄境界。以依妄境界熏習因緣故。起妄相應心。計我我所。造集諸業。受生死苦。說彼法身名為眾生。若如是眾生中。法身熏習而有力者。煩惱漸薄。能厭世間。求涅槃道。信歸一實。修六波羅蜜等一切菩提分法。名為菩薩。若如是菩薩中。修行一切善法滿足。究竟得離無明睡者。轉名為佛。當知如是眾生菩薩佛等。但依世間假名言說故而有差別。而法身之體。畢竟平等。無有異相。善男子。是名略説一實境界義。若欲依一實境界修信解者。應當學習二種觀道。何等為二。一者唯心識觀。二者真如實觀。學唯心識觀者。所謂於一切時一切處。隨身口意有所〔四〕作業。悉當觀察。知唯是心。乃至一切境界。若心住念。皆當察知。勿令使心無記攀緣。不自覺知。於念念間。悉應觀察。隨心有所緣念。還當使心隨逐彼念。令心自知。知己內心自生想念。非一切境界有念有分別也。所謂內心自生長短好惡。是非得失。衰利有無等見。無量諸想。而一切境界。未曾有想起於分別。當知一切境界自無分別想故。即自非長非短。非好非惡。乃至非有非無。離一切相。如是觀察。一切法唯心想生。若使離心。則無一法一相而能自見有差別也。常應如是守記內心。知唯妄念。無實境界。勿令休廢。是名修學唯心識觀。若心無記。不知自心念者。即謂有前境界。不名唯心識觀。又守記內心者。則知貪想。瞋想。及愚痴邪見想。知善。知不善。知無記。知心勞慮種種諸苦。若於坐時。隨心所緣。念念觀知唯心生滅。譬如水流燈焰。無暫時住。從是當得色寂三昧。得此三昧已。次應學習信奢摩他觀心。及信毗婆舍那觀心。習信奢摩他觀心者。思惟內心不可見相。圓滿不動。無來無去。本性不生不滅。離分別故。習信毗婆舍那觀心者。想見內外色。隨心生。隨心滅。乃至習想見佛色身。亦復如是。隨心生。隨心滅。如幻如化。如水中月。如鏡中像。非心。不離心。非來。非不來。非去。非不去。非生。非不生。非作。非不作。善男子。若能習信此二觀心者。速得趣會一乘之道。當知如是唯心識觀。名為最上智慧之門。所謂能令其心猛利。長信解力。疾入空義。得發無上大菩提心故。若學習真如實觀者。思惟心性無生無滅。不住見聞覺知。永〔五〕離一切分別之想。漸漸能過空處。識處。無少處。非想非非想處等定境界相。得相似空三昧。得相似空三昧時。識想受行粗分別相不現在前。從此修學。為善知識大慈悲者守護長養。是故離諸障礙勤修不廢。展轉能入心寂三昧。得是三昧已。即復能入一行三昧。入是一行三昧已。見佛無數。發深廣行心。住堅信位。所謂於奢摩他毗婆舍那二種觀道決定信解。能決定向。隨所修學世間諸禪三昧之業。無所樂著。乃至徧修一切善根菩提分法。於生死中無所怯畏。不樂二乘。以依能習向二觀心最妙巧便。眾智所依。行根本故。復次修學如上信解者。人有二種。何等為二。一者利根。二者鈍根。其利根者。先已能知一切外諸境界。唯心所作。虛誑不實。如夢如幻等。決定無有疑慮。陰蓋輕〔六〕微。散亂心少。如是等人。即應學習真如實觀。其鈍根者。先未能知一切外諸境界。悉唯是心。虛誑不實故。染著情厚。蓋障數起。心難調伏。應當先學唯心識觀。若人雖學如是信解。而善根業薄。未能進趣。諸惡煩惱。不得漸伏。其心疑怯。畏墮三惡道。生八難處。畏不常值佛菩薩等。不得供養聽受正法。畏菩提行難可成就。有如此疑怖及種種障礙等者。應於一切時一切處。常勤誦念我之名字。若得一心。善根增長。其意猛利。當觀我法身。及一切諸佛法身。與己自身。體性平等。無二無別。不生不滅。常樂我淨。功德圓滿。是可歸依。又復觀察己身心相。無常。苦。無我。不淨。如幻如化。是可厭離。若能修學如是觀者。速得增長淨信之心。所有諸障。漸漸損減。何以故。此人名為學習聞我名者。亦能學習聞十方諸佛名者。名為學至心禮拜供養我者。亦能學至心禮拜供養十方諸佛者。名為學聞大乘深經者。名為學執持書寫供養恭敬大乘深經者。名為學受持讀誦大乘深經者。

名為學遠離邪見。於深正義中不墮謗者。名為於究竟甚深第一實義中學信解者。名為能除諸罪障者。名為當得無量功德聚者。此人捨身。終不墮惡道八難之處。還聞正法。習信修行。亦能隨願往生他方淨佛國土。復次若人欲生他方現在淨國者。應當隨彼世界佛之名字。專意誦念。一心不亂。如上觀察者。決定得生彼佛淨國。善根增長。速獲不退。當知如上一心繫念思惟諸佛平等法身。一切善根中。其業最勝。所謂勤修習者。漸漸能向一行三昧。若到一行三昧者。則成廣大微妙行心。名得相似無生法忍。以能得聞我名字故。亦能得聞十方佛名字故。以能至心禮拜供養我故。亦能至心禮拜供養十方諸佛故。以能得聞大乘深經故。能執持書寫供養恭敬大乘深經故。能受持讀誦大乘深經故。能於究竟甚深第一實義中不生怖畏。遠離誹謗。得正見心。能信解故。決定除滅諸罪障故。現證無量功德聚故。所以者何。謂無分別菩提心。寂靜智現。起發方便業種種願行故。能聞我名者。謂得決定信利益行故。乃至一切所能者。皆得不退一乘因故。若雜亂垢心。雖復稱誦我之名字。而不名為聞。以不能生決定信解。但獲世間善報。不得廣大深妙利益。如是雜亂垢心。隨其所修一切諸善。皆不能得深大利益。善男子。當知如上勤心修學無相禪者。不久能獲深大利益。漸次作佛。深大利益者。所謂得入堅信法位。成就信忍故。入堅修位。成就順忍故。入正真位。成就無生忍故。又成就信忍者。能作如來種性故。成就順忍者。能解如來行故。成就無生忍者得如來業故。漸次作佛者。略說有四種。何等為四。一者信滿法故作佛。所謂依種性地。決定信諸法不生不滅。清淨平等。無可願求故。二者解滿法故作佛。所謂依解行地。深解法性。知如來業無造無作。於生死涅槃。不起二想。心無所怖故。三者證滿法故作佛。所謂依淨心地。以得無分別寂靜法智。及不思議自然之業。無求想故。四者一切功德行滿足故作佛。所謂依究竟菩薩地。能除一切諸障無明夢盡故。復次當知。若修學世間有相禪者。有三種。何等為三。一者無方便信解力故。貪受諸禪三昧功德而生憍慢。為禪所縛。退求世間。二者無方便信解力故。依禪發起偏厭離行。怖怯生死。退墮二乘。三者有方便信解力。所謂依止一實境界。習近奢摩他毗婆舍那二種觀道故。能信解一切法唯心想生。如夢如幻等。雖獲世間諸禪功德。而不堅著。不復退求三有之果。又信知生死即涅槃故。亦不怖怯。退求二乘。如是修學一切諸禪三昧法者。當知有十種次第相門。具足攝取禪定之業。能令學者成就相應。不錯不謬。何等為十。一者攝念方便相。二者欲住境界相。三者初住境界。分明了了。知出知入相。四者善住境界。得堅固相。五者所作思惟。方便勇猛轉求進趣相。六者漸得調順。稱心喜樂。除疑惑〔七〕信解。自安慰相。七者尅獲勝進。意所專者。少分相應。覺知利益相。八者轉修增明。所習堅固。得勝功德。對治成就相。九者隨心有所念作。外現功業。如意相應。不錯不謬相。十者若更異修。依前所得而起方便。次第成就。出入隨心。超越自在相。是名十種次第相門。攝修禪定之業。爾時堅淨信菩薩摩訶薩。問地藏菩薩摩訶薩言。汝云何巧說深法。能令衆生得離怯弱。地藏菩薩摩訶薩言。善男子。當知初學發意求向大乘。未得信心者。於無上道甚深之法。

喜生疑怯。我嘗以巧便〔八〕。宣顯實義。而安慰之。令離怯弱。是故號我為善安慰說者。云何安慰。所謂鈍根小心衆生。聞無上道最勝最妙。意雖貪樂。發心願向。而復思念。求無上道者。要須積功廣極。難行苦行。自度度他。劫數長遠。於生死中久受勤苦。方乃得獲。以是之故。心生怯弱。我即為說真實之義。所謂一切諸法。本性自空。畢竟無我。無作無受。無自無他。無行無到。無有方所。亦無過去現在未來。乃至為說十八空等。無有生死涅槃一切諸法定實之相而可得者。又復為說一切諸法。如幻。如化。如水中月。如鏡中像。如乾闥婆城。如空谷響。如陽光〔九〕。如泡。如露。如燈。如目瞌。如夢。如電。如雲。煩惱生死。性甚微弱。易可令滅。又煩惱生死。畢竟無體。求不可得。本來不生。實更無滅。自性寂靜。即是涅槃。如此所說。能破一切諸見。損自身心執著想故。得離怯弱。復有眾生。不解如來言說旨意故而生怯弱。當知如來言說旨意者。所謂如來見彼一實境界故。究竟得離生老病死眾惡之法。證彼法身常恒清涼不變等無量功德聚。復能了了見一切眾生身中。皆有如是真實微妙清淨功德。而為無明闇染之所覆障。長夜恒受生老病死無量眾苦。如來於此起大慈悲意。欲令一切眾生離於眾苦。同獲法身第一義樂。而彼法身。是無分別離念之法。唯有能滅虛妄識想不起念者。乃所應得。但一切眾生。常樂分別取著諸法。以顛倒妄想故而受生死。是故如來為欲令彼離於分別執著想故。說一切世間法。畢竟體空無所有。乃至一切出世間法。亦畢竟體空無所有。若廣說者。如十八空。如是顯示一切諸法。皆不離菩提體。菩提體者。非有非無。非非有。非非無。非有無俱。非一。非異。非非一。非非異。非一異俱。乃至畢竟無有一相而可得者。以離一切相故。離一切相者。所謂不可依言說取。以菩提法中。無有受言說者。及無能言說者故。又不可依心念知。以菩提法中。無有能取可取。無自無他。離分別相故。若有分別想者。則為虛偽。不名相應。如是等說。鈍根眾生不能解者。謂無上道如來法身但唯空法。一向畢竟而無所有。其心怯弱。畏墮無所得中。或生斷滅想。作增減見。轉起誹謗。自輕輕他。我即為說如來法身。自性不空。有真實體。具足無量清淨功業。從無始世來。自然圓滿。非修非作。乃至一切眾生身中。亦皆具足。不變不異。無增無減。如是等說。能除怯弱。是名安慰。又復愚痴堅執眾生。聞如是等說亦生怯弱。以取如來法身本來滿足。非修非作相故。起無所得相而生怯弱。或計自然。墮邪倒見。我即為說修行一切善法。增長滿足。生如來色身。得無量功德清淨果報。如此等說。令離怯弱。是名安慰。而我所說甚深之義。真實相應。無有諸過。以離相違說故。云何知離相違相。所謂如來法身中。雖復無有言說境界。離心想念。非空非不空。乃至無一切相。不可依言說示。而據世諦幻化因緣假名法中。相待相對。則可方便顯示而說。以彼法身性。實無分別。離自相。離他相。無空。無不空。乃至遠離一切諸相故。說彼法體為畢竟空無所有。以離心分別。想念則盡。無一相而能自見自知為有。是故空義決定真實。相應不謬。

復次即彼空義中。以離分別妄想心念故。則盡畢竟無有一相而可空者。以唯有真實故。即為不空。所謂離識想故。無有一切虛偽之相。畢竟常恒。不變不異。以更無一相可壞可滅。離增減故。又彼無分別實體之處。從無始世來。具無量功德自然之業。成就相應。不離不脫故。說為不空。如是實體功德之聚。一切眾生雖復有之。但為無明黯覆障故而不知見。不能尅獲功德利益。與無莫異。說名未有。以不知見彼法體〔十〕。所有功德利益之業。非彼眾生所能受用。不名屬彼。唯依徧修一切善法。對治諸障。見彼法身。然後乃獲功德利益。是故說修一切善法。生如來色身。

善男子。如我所說甚深之義。決定真實離相違過。當如是知。爾時地藏菩薩摩訶薩。說如此等殊勝方便深要法門時。有十萬億眾生。發阿耨多羅三藐三菩提心。住堅信位。復有九萬八千菩薩。得無生法忍。一切大眾各以天妙香華供養於佛。及供養〔十二〕地藏菩薩摩訶薩。

爾時佛告諸大眾言。汝等各各應當受持此法門。隨所住處廣令流布。所以者何。如此法門。甚為難值。能大利益。若人得聞彼地藏菩薩摩訶薩名號。及信其所說者。當知是人速能得離一切所有諸障礙事。疾至無上道。於是大眾皆同發言。我當受持。流布世間。不敢令忘。爾時堅淨信菩薩摩訶薩白佛言。世尊。如是所說六根聚修多羅中。名何法門。此法真要。我當受持。令末世中〔十二〕普皆得聞。佛告堅淨信菩薩摩訶薩言〔十三〕。此法門名為占察善惡業報。亦名消除諸障。增長淨信。亦名開示求向大乘者進趣方便。顯出甚深究竟實義。亦名善安慰說。令離怯弱。速入堅信決定法門。依如是名義。汝當受持。佛說此法門名已。一切大〔十四〕會悉皆歡喜。信受奉行。

占察善惡業報經行法

明古吳比丘智旭集

【緣起第一】

夫諸佛菩薩愍念群迷。不啻如母憶子。故種種方便。教出苦輪。而眾生不了業報因緣。罔知斷惡脩善。淨信日微。五濁增盛。由此劇苦機感。倍關無緣慈應。爰有當機。名堅淨信。諮請世尊。曲垂悲救。佛乃廣歎地藏功德。令其建立方便。於是以三種輪相。示善惡差別。以二種觀道。歸一實境界。仍誡業重之人。不得先脩定慧。應依懺法得清淨已。然後脩習二觀。尅獲無難。此誡末世對症之神劑。而方便中之殊勝方便也。予悲障深。丁茲法亂。律教禪宗。淆訛匪一。幸逢斯典。開我迷雲。理觀事儀。昭然可踐。竊以諸懺十科行法。詳略稍殊。一一闡陳。纖疑始決。罔敢師心。迺述緣起。

【勸脩第二】

若佛弟子欲脩出世正法者。欲現在無諸障緣者。欲除滅五逆十惡無間重業者。欲求資生眾具皆得充饒者。欲令重難輕遮皆得消滅者。欲得優婆塞沙彌比丘清淨律儀者。欲得菩薩三聚淨戒者。欲獲諸禪三昧者。欲獲無相智慧者。欲求現證三乘果位者。欲隨意往生淨佛國土者。欲悟無生法忍圓滿證入一實境界者。皆應受持脩行此懺悔法。何以故。此是釋迦如來格外弘慈。地藏菩薩稱機悲願。無苦不拔。無樂不與。依此脩行。淨信堅固。如經廣明。所宜諦信。

【簡擇同行第三】

經中不言人數多寡。准他行法。得至十人。但須嚴擇。必求法器。倘無同志。獨行彌善。或有真實為生死者。堪作伴侶。十人以內。多寡無妨。又必先審所求。或求律儀。或求定慧。或求果證。或求往生。所求相合。方可同脩。於十人內。仍須推一夙德為教授師。事儀理觀。微細秉承。切勿鹵莽。唐捐苦行。

【占察輪相第四】

懺悔之法。雖則普為眾生發露眾罪。然當人無始業習。各有偏強。是故經中先說占初輪相。然後明懺悔法。今欲脩懺悔者。既已嚴淨道場。宜於未建首前各占輪相。簡察善惡。何罪偏重。應的悔之。於脩懺時。庶便陳白。（占法別附於後）。

【正脩懺法第五】

準經自列。亦具十科。

第一嚴淨道場

經云。欲修懺悔者。當住靜處。隨力所能。莊嚴一室。內置佛事。及安經法。懸繒幡蓋。求集香華以脩供養。

第二清淨三業

經云。澡浴身體。及洗衣服。勿令臭穢。准諸行法。每至穢處。必須更觸衣。旋轉既訖。洗浴清淨。還著淨衣。縱一日都不至穢。亦須一浴。終竟一期。或七日。或二七三七乃至千日。以得三業純善輪相為期。於中專莫雜語。及一切接對問訊。或有所需。但可直索。不得因事牽發餘語。專秉一心念所脩法。不得剎那念世雜事。當思生死事大。無常迅速。堅精努力。乃克有濟。倘稍違淨法。則唐喪劬勞。不可不慎。

第三香華供養

行者初入道場。至法座前。敷具。正身。合掌倚立。應先緣念一切三寶。體常徧滿。無所不在。眾生迷惑。流轉可哀。我為眾生翻迷歸悟。禮敬三寶。作是念已。唱言。

一切恭敬。

一心敬禮。十方常住三寶。（如是禮已。隨所有香華等。當脩供養。作是唱言。）

嚴持香華。如法供養。

願此香華雲。徧滿十方界。供養一切佛。尊法諸賢聖。無邊佛土中。受用作佛事。

（至此停唱。散華作供。手執香爐。作是想云。）

一切佛法僧寶。體常徧滿。無所不在。願令以此香華。等同法性。普熏一切諸佛刹土。施作佛事。十方一切供具。無時不有。我今當以十方所有。一切種種香華瓔珞。幢幡寶蓋。諸珍妙飾。種種音樂。燈明燭火。飲食衣服。臥具湯藥。乃至盡十方所有。一切種種莊嚴供養之具。憶想遙擬。普共衆生奉獻供養。一切世界中有脩供養者。我今隨喜。若未脩供養者。願得開導令脩供養。又願我身。速能徧至一切刹土。於一一佛法僧所。各以一切種種莊嚴供養之具。共一切衆生。等持奉獻供養一切諸佛法身色身。舍利形像。浮圖廟塔。一切佛事。供養一切所有法藏及說法處。供養一切賢聖僧眾。願共一切眾生脩行如是供養已。漸得成就六波羅蜜。四無量心。深知一切法。本來寂靜。無生無滅。一味平等。離念清淨。畢竟圓滿。（此段全用經文。作是念已。唱云。）供養已。一切恭敬。（一禮）

第四啟請三寶諸天

本經無啟請法。准餘行儀。於建首日。宜致三請。良以三寶雖無所不在。而眾生久積迷惑。背覺合塵。念與悲隔。今既翻迷歸悟。應須緣念三寶。充滿虛空。應物現形。如水中月。作是念已。涕淚翹勤。逐位三請。手執香爐。燒眾名香。口作是唱。

一心奉請。南無本師釋迦牟尼佛。（想云。我三業性如虛空。釋迦如來亦如是。不起真際為眾生。與眾俱來受供養。下皆准此。但改佛名及形相來處。至請賢聖。則云一切賢聖亦如是。餘皆准知。三請畢。隨作一禮。）

一心奉請。南無毘婆尸等過去七佛。

一心奉請。南無普光佛等五十三佛。

一心奉請。南無一切諸佛所有色身舍利形像浮圖廟塔一切佛事。（想云。諸佛法身如虛空。化事住世難思議。我今三業如法請。惟願影現受供養。）

一心奉請。南無十方三世一切諸佛。

一心奉請。南無占察善惡業報經微妙法藏。（想云。法性如空不可見。常住法寶難思議。我今三業如法請。惟願影現受供養。）

一心奉請。南無十方一切法藏。（想如上）

一心奉請。南無十方一切賢聖。

一心奉請。南無堅淨信菩薩摩訶薩。（此是當機啟教之人。應念菩薩為我等故。請問大法。我今得聞此最勝法。皆是菩薩莫大恩德。）

一心奉請。南無偏吉菩薩。觀世音菩薩摩訶薩。（應念此二菩薩慈悲慧行。普度群迷。與地藏菩薩威神無異。偏吉菩薩即普賢菩薩。）

一心奉請。南無地藏菩薩摩訶薩。（應念此是我等的對懺悔之主。依此菩薩大慈大悲威神力故。令我無惡不滅。無善不生。我今歸命啟請。如子憶母。此為道場正主。餘佛菩薩同作證明。涕泣求哀。猶如面奉。必冀菩薩攝受護持。觀想偈文。應知如上。）

一心奉請。梵釋四王天龍八部。僧伽藍內護正法者一切聖眾。（例皆三請。但除禮拜。白衣無妨。）
惟願釋迦慈父。七佛世尊。五十三佛。一切覺者。他心道
眼。無礙見聞。身通自在。來降道場。攝取我等。令成淨
信。占察善惡業報尊經。十方一切清淨法藏。等真法
性。充滿虛空。顯現道場。受我供養。堅淨信菩薩。徧
吉菩薩。觀世音菩薩等。十方一切賢聖。不捨大慈。來臨
法座。哀憐覆護。證我行法。地藏菩薩摩訶薩。救世真
士。大智開士。善安慰說者。速除諸障。增淨信者。大慈
大悲。不違本誓。放大光明。滿我所願。護法天龍。伽

藍真宰。隨我請來。堅守道場。卻諸魔障。示現吉祥。令我所脩。自在成就。（每節執爐三說已。一禮。惟護法處。不須禮拜。白衣無妨。）

第五讚禮三寶

經無讚法。不別立科。但取十輪經中地藏菩薩讚佛一偈。隨行禮敬。合為一科。

我聞徧知海　真實德無邊　度脫諸有情　心歡喜敬禮

曾脩無量福　今得禮尊足　願無量劫中　常脩多供養

一心敬禮。過去毘婆尸佛。（想云。能禮所禮性空寂。感應道交難思議。我此道場如帝珠。毘婆尸佛影現中。我身影現如來前。頭面接足歸命禮。）

下皆准此。但改佛菩薩名。）

一心敬禮。尸棄佛。

一心敬禮。毘舍浮佛。

一心敬禮。拘留孫佛。

一心敬禮。拘那含牟尼佛。

一心敬禮。迦葉佛。

一心敬禮。本師釋迦牟尼佛。

一心敬禮。普光佛。

一心敬禮。普明佛。

一心敬禮。普淨佛。
一心敬禮。多摩羅跋栴檀香佛。
一心敬禮。栴檀光佛。
一心敬禮。摩尼幢佛。
一心敬禮。歡喜藏摩尼寶積佛。
一心敬禮。一切世間樂見上大精進佛。
一心敬禮。摩尼幢燈光佛。
一心敬禮。慧炬照佛。
一心敬禮。海德光明佛。

一心敬禮。金剛牢強普散金光佛。
一心敬禮。大強精進勇猛佛。
一心敬禮。大悲光佛。
一心敬禮。慈力王佛。
一心敬禮。慈藏佛。
一心敬禮。栴檀窟莊嚴勝佛。
一心敬禮。賢善首佛。
一心敬禮。善意佛。
一心敬禮。廣莊嚴王佛。

一心敬禮。金華光佛。
一心敬禮。寶蓋照空自在力王佛。
一心敬禮。虛空寶華光佛。
一心敬禮。琉璃莊嚴王佛。
一心敬禮。普現色身光佛。
一心敬禮。不動智光佛。
一心敬禮。降伏眾魔王佛。
一心敬禮。才光明佛。
一心敬禮。智慧勝佛。

一心敬禮。彌勒仙光佛。

一心敬禮。善寂月音妙尊智王佛。

一心敬禮。世淨光佛。

一心敬禮。龍種上尊王佛。

一心敬禮。日月光佛。

一心敬禮。日月珠光佛。

一心敬禮。慧幢勝王佛。

一心敬禮。師子吼自在力王佛。

一心敬禮。妙音勝佛。

一心敬禮。常光幢佛。
一心敬禮。觀世燈佛。
一心敬禮。慧威燈王佛。
一心敬禮。法勝王佛。
一心敬禮。須彌光佛。
一心敬禮。須摩那華光佛。
一心敬禮。優曇(音談)鉢羅華殊勝王佛。
一心敬禮。大慧力王佛。
一心敬禮。阿閦(音處)毘歡喜光佛。

一心敬禮。無量音聲王佛。
一心敬禮。才光佛。
一心敬禮。金海光佛。
一心敬禮。山海慧自在通王佛。
一心敬禮。大通光佛。
一心敬禮。一切法常滿王佛。
一心敬禮。東方一切諸佛所有色身舍利形像浮圖廟塔一切佛事。（想云。諸佛法身如虛空。化事住世難思議。我皆影現化事前。一一皆悉歸命禮。）
一心敬禮。東南方一切諸佛所有色身舍利形像浮圖廟塔一切佛事。

一心敬禮。南方一切諸佛所有色身舍利形像浮圖廟塔一切佛事。

一心敬禮。西南方一切諸佛所有色身舍利形像浮圖廟塔一切佛事。

一心敬禮。西方一切諸佛所有色身舍利形像浮圖廟塔一切佛事。

一心敬禮。西北方一切諸佛所有色身舍利形像浮圖廟塔一切佛事。

一心敬禮。北方一切諸佛所有色身舍利形像浮圖廟塔一切佛事。
一心敬禮。東北方一切諸佛所有色身舍利形像浮圖廟塔一切佛事。
一心敬禮。下方一切諸佛所有色身舍利形像浮圖廟塔一切佛事。
一心敬禮。上方一切諸佛所有色身舍利形像浮圖廟塔一切佛事。
一心敬禮。十方三世一切諸佛。

一心敬禮。十方一切法藏。（三禮。此恐太繁。依闕取決。倘能隨十方面。一一致禮。尤為善也。想云。真空法性如虛空。常住法寶難思議。我身影現法寶前。一心如法歸命禮。下一禮同。）

一心敬禮。占察善惡業報經微妙法藏。

一心敬禮。十方一切賢聖。（三禮。此亦依闕取決。倘能隨十方面一一致禮。尤善。）

一心敬禮。堅淨信菩薩摩訶薩。

一心敬禮。徧吉菩薩。觀世音菩薩摩訶薩。

一心敬禮。地藏菩薩摩訶薩。（此是懺主。應須三禮。想偈如前。但末句須云。為求滅障接足禮。又或各隨所求稱之亦可。如求律儀。即云為求律儀接足禮。求證果。求往生等。類此可知。）

第六脩行懺悔

經云。應當說所作罪。一心仰告。夫罪雖無量。而就輪相所現者尤為最重。能招惡果。能障聖道。故須慚愧涕淚。各別陳之。殷勤悔過。冀令消滅。五體投地。說重罪已。仍作是念。

我及眾生。無始常為三業六根重罪所障。不見諸佛。不知出要。但順生死。不知妙理。我今雖知。猶與眾生。同為一切重罪所障。今對地藏。十方佛前。普為眾生歸命懺悔。惟願加護。令障消滅。（作是念已。胡跪唱言。）

普為法界一切眾生。悉願斷除三障。歸命懺悔。（唱已。五體投地。復作是念。）

我與眾生。無始來今。由愛見故。內計我人（一）。外加惡友（二）。不隨喜他。一毫之善（三）。惟徧三業。廣造眾罪（四）。事雖不廣。惡心徧布（五）。晝夜相續。無有間斷（六）。覆諱過失。不欲人知（七）。不畏惡道（八）。無慚無愧（九）。撥無因果（十）。故於今日。深信因果（一）。生重慚愧（二）。生大怖畏（三）。發露懺悔（四）。斷相續心（五）。發菩提心。斷惡脩善（六）。勤策三業。翻昔重過（七）。隨喜凡聖一毫之善（八）。念十方佛有大福慧。能救拔我及諸眾生。從二死海。置三德岸（九）。從無始來。不知諸法本性空寂。廣造眾惡。今知空寂。為求菩提。為眾生故。廣脩諸善。徧斷眾惡（十）。惟願一切三寶。地藏菩薩。慈悲攝受。聽我懺悔。（作是念已。胡跪唱言。）我弟子某甲。至心懺悔。我及眾生。自性清淨。一實境界。諸佛體同。無明痴暗。熏習因緣。現妄境界。令生念著。計我我所。習諸惡法。三業六根。廣造眾罪。十惡五逆。重難輕遮。障慧障定。障諸戒品。致使長淪苦海。永無出期。設欲脩行。多諸疑障。或擾外魔。或遭邪見。助緣缺乏。淨信不成。今遇地藏菩薩摩訶薩。善安慰說。開我迷雲。滌慮洗心。求哀悔過。惟願十方　諸大慈尊。證知護念。我今懺悔。不復更造。願我及一切眾生。速得除滅。無量劫來。十惡四重。五逆顛倒。謗毀三寶。一闡提罪。如是罪性。本惟空寂。但從虛妄。顛倒心起。無有定實。而可得者。願一切眾生。速達心本。永滅罪根。（或一說。或三說。皆可。下四亦然。）

懺悔已。歸命禮三寶。（此懺悔文。幷下三願。皆出本經。但於惟願之前。撮略經中他處數語。以表說所作罪。一心仰告之意。餘皆一字弗敢移易。）

第七發勸請願

我弟子某甲。至心勸請。願令十方一切菩薩未成正覺者。

願速成正覺。若已成正覺者。願常住在世。轉正法輪。不入涅槃。勸請已。歸命禮三寶。

第八發隨喜願

我弟子某甲。至心隨喜。願我及一切眾生。畢竟永捨嫉妬之心。於三世中。一切剎土。所有脩學一切功德。及成就者。悉皆隨喜。隨喜已。歸命禮三寶。

第九發迴向願

我弟子某甲。至心迴向。願我所脩一切功德。資益一切諸眾生等。同趣佛智。至涅槃城。迴向已。歸命禮三寶。

第十補發願及端坐靜室稱念名號

五悔法門。別有發願。此經不說。蓋以勸請等三。即是願故。又行人脩此懺法。所求不同。或求律儀。或求定慧。或求往生淨土。或求現在安樂。今因鬮決。聽許補願。是在脩行者各自陳白。不容預擬成言也。然所求之願。雖各不同。須與四弘相合。不得增長生死。誠恐不知梗概。違背經宗。聊陳大意。以便行持。或用或否。任從決擇。

我弟子某甲。至心發願。願

十方三寶。地藏慈尊。哀愍護持。救拔拯濟。令此國土。

災亂消除。正法流通。咸生淨信。無諸障礙。永斷魔邪。我及眾生。重罪速滅。現離衰惱。充足資生。三聚戒根。畢竟清淨。二種觀道。應念現前。三昧總持。神通方便。四攝六度。無不圓成。了悟自心一實境界。捨身他世。生在佛前。面奉

彌陀。歷侍諸佛。親蒙授記。迴入塵勞。普會群迷。同歸秘藏。發願已。歸命禮三寶。

自歸依佛。當願眾生。體解大道。發無上心。

自歸依法。當願眾生。深入經藏。智慧如海。

自歸依僧。當願眾生。統理大眾。一切無礙。和南聖眾。（次往餘靜室。端坐一心。若稱誦。若默念地藏菩薩。其惛蓋多者。應於道場中旋繞誦念。晝三夜三。具如經說。七日之後。每旦以第二輪相頻三擲之。若身口意皆純善者。名得清淨。若不得三業純善輪相者。雖見光明異香吉祥好夢等。止名虛妄。非善相也。若未護純善輪相以前。止許稱念地藏名號。未許脩行觀法。得善相後。乃於二種觀道。可以如實脩之。）

【別明二種觀道第六】

（諸懺坐禪一科。即於懺畢出壇時脩。故列在正脩第十。此經二觀。要於懺悔清淨之後。方許正脩。故十科畢。方別明之。）

經云。彼諸眾生。但學至心。使身口意得清淨相已。我亦護念。乃至堪能脩習諸禪智慧。又云。若有眾生欲向大乘者。應當先知最初所行根本之業。所謂依止一實境界以脩信解。又云。若欲依一實境界脩信解者。應當學習二種觀道。一者唯心識觀。二者真如實觀。

學唯心識觀者。於一切時一切處。隨身口意有所作業。皆當悉當觀察。知唯是心。乃至一切境界。若心住念。皆當察知。勿使心無記攀緣。不自覺知。於念念間。悉應觀察。隨心有所緣念。還當使心隨逐彼念。令心自知。知己內心自生想念。非一切境界有念有分別也。常應如是守記內心。知唯妄念。無實境界。勿令休廢。是名脩學唯心識觀。念念觀知唯心生滅。如水流燈燄。無暫時住。從是當得色寂三昧。得此三昧已。次應學習信奢摩他觀心。及信毘婆舍那觀心。學真如實觀者。思惟心性無生無滅。不住見聞覺知。離一切分別想。漸漸能過四空定境界相。得相似空三昧。展轉能入心寂三昧。即復能入一行三昧。見佛無數。發深廣心。住堅信位。所謂於奢摩他毘婆舍那二種觀道。決定信解。能決定向。復次脩學如上信解者。人有二種。一者利根。先已能知一切外境。唯心所作。虛誑不實。如夢如幻等。決定無疑。障蓋輕微。散亂心少。如是等人。即應學習真如實觀。二者鈍根。先未能知一切外境悉唯是心。染著情厚。蓋障數起。心難調伏。應當先學唯心識觀。今依經文。略出其意。此經本以一實境界為體。二種觀道為宗。若非洞明一實境界。無以稱性起於二觀。若非殷勤脩習二觀。無以契會一實境界。一實境界者。即是不思議境。亦名諸法實相。謂境界即諸法。一實即實相。境界即事造三千。一實即理具三千。境界即權。一實即實。權實不二。理事一如。故名一實境界。又以境界從一實。則一空一切空。不思議真諦也。以一實從境界。則一假一切假。不思議俗諦也。直云一實境界。則一中一切中。不思議中道第一義諦也。故經云。妄心畢竟無體。不可見故。若無覺知能分別者。則無十方三世一切境界差別之相。豈非即空義耶。又云。無分別相者。於一切處無所不在。以能依持建立一切法故。豈非即假義耶。又云。眾生心體。從本以來。不生不滅。自性清淨。又云。當知一切諸法。悉名為心。以義體不異。為心所攝故。又云。一切眾生種種果報。皆依諸佛法身而有建立生長。住法身中。為法身處所攝。以法身為體。無有能出法身界分者。豈非即中義耶。故知一實境界。則已收盡中論一偈之旨。境界即因緣所生法。一實即是空假中也。中論約觀。故先立境。此經顯諦。故先出理。依此一實境界以脩信解。則知二種觀道。全是不思議法門。而復於中分利分鈍者。略出二意。一者此經雖正明圓頓宗旨。而兼攝別機。名圓為利。名別為鈍。二者雖是圓機。於中仍分利鈍。初意者。圓教行人。於名字位中。能知如來祕密之藏。肉眼即名佛眼。故能學習真如實觀。了知現前心性。本自不生。不復更滅。所謂法界一相。雖三千歷然。

而究竟平等。此即名字位中初脩觀行之法也。得相似空三昧。位登五品。圓伏五住。故超過空等定境界相。入心寂三昧。即能入一行三昧。住堅信位。所謂六根清淨相似即佛也。故於奢摩他毘婆舍那二種觀道。決定信解。能決定向。以奢摩他是不思議三止。毘婆舍那是不思議三觀。止觀不二。即是般若第一義空。首楞嚴究竟解脫。初住分證。任運現前。十信位中。名得決定也。若別教行人名字位中。雖聞中道。未能了知。但可仰信。故須先學唯心識觀。了知實無外境。唯有內心。即是從假入空。不無次第。故先得色寂三昧。准位當在別教十信。若望圓教。位在五品。次應學習信奢摩他毘婆舍那二觀。則教之捨別從圓也。次意者。圓教利機。即於識心。體其本寂。三千宛然即空假中。故云即應學習真如實觀。其稍鈍者。必須照於起心。變造十界。即空假中。故云應當先學唯心識觀也。然於一實境界若善能得意。則稱性所起二觀。用雖不同。實無優劣。言用不同者。如詳解云。唯識歷事。真如觀理。觀本寂三千。為理觀。炤起心變造十界。名事觀。從理惟達法性。從事專熖起心。又直觀一念本具三千。名理觀。縱任三性。用於四運推檢起心變造十界。名事觀。故古人約起心不起心。推運不推運分之。言無優劣者。如詳解云。須知占察知唯是心。則於色界及諸外境不起分別。所以經云色寂三昧。非謂事觀專觀外色。真如實觀。思惟心性不生不滅。以能超過無色四空。心及心所二俱寂滅。是故經云心寂三昧。非謂理觀唯在內心。又云。脩理觀者。雖云但觀理具。須知全脩在性。則善脩實相觀也。脩事觀者。雖觀能造十界之心。須知全性成脩。則善脩唯識觀也。又指要鈔云。應知觀於內心。二觀既爾。觀於外境。二觀亦然。以此言之。則一色一香。一塵一法。皆了唯心。同歸真實。隨宜方便。究竟無殊。又此二觀。雖云懺悔得清淨相。乃可脩之而正行懺悔及稱念地藏名時。非無二觀如脩懺時。始從香華供養。終至三歸。歷事分明。運想無滯。知唯心作。無實境界。是名唯心識觀。若始從供養。乃至三歸。事雖歷歷。一心不生。是名真如實觀。又稱名時。歷歷分明。知心如幻。地藏洪名。不離自心。是名唯心識觀。若觀地藏法身。

及一切諸佛法身。與己自身。體性平等。無二無別。不生不滅。常樂我淨。功德圓滿。是名真如實觀。又既得善相正修二觀之時。亦可仍前修行懺法及稱名號。即以懺法稱名助成二觀。轉更分明。所以菩薩五悔法門。始自凡夫。終於等覺。無不以之為進修方便。須知作法取相無生三種懺法。後後具於前前。前前亦通後後。事理相扶。始終一致。方名圓頓法門。倘輕忽事相。高談名理。重罪不滅。善法不生。是故末世行人。切須體會堅淨信菩薩問法苦心。深究地藏大士立法本意。以真實不欺誑心。不忽略心。痛切為生死心。無上大菩提心。於此經中開發正解。成就真脩。得堅固信。不墮疑障。如或不然。遇饌不食。寶山空廻。救世真士。大智開士。亦未如之何也矣。

【附占輪相法】

至心敬禮。十方一切諸佛。

願令十方一切眾生。速疾皆得親近供養。諮受正法。

至心敬禮。十方一切法藏。

願令十方一切眾生。速疾皆得受持讀誦。如法脩行。及為他說。
至心敬禮。十方一切賢聖。
願令十方一切眾生。速疾皆得親近供養。發菩提心。至不退轉。
至心敬禮。地藏菩薩摩訶薩。
願令十方一切眾生。速得除滅惡業重罪。離諸障礙。資生眾具。悉皆充足。（如是禮已。隨所有香華等。當脩供養。作是唱言。）
嚴持香華。如法供養。
願此香華雲。徧滿十方界。供養一切佛。

尊法諸賢聖。無邊佛土中。受用作佛事。（至此停唱。散華作供。復運想云。）一切佛法僧寶。體常徧滿。無所不在。願令以此香華。等同法性。普熏一切諸佛刹土。施作佛事。十方一切供具。無時不有。我今當以十方所有。一切種種香華瓔珞。幢幡寶蓋。諸珍妙飾。種種音樂。燈明燭火。飲食衣服。臥具湯藥。乃至盡十方所有。一切種種莊嚴供養之具。憶想遙擬。普共眾生奉獻供養。一切世界中有脩供養者。我今隨喜。若未脩供養者。願得開導令脩供養。又願我身。速能徧至一切刹土。於一一佛法僧所。各以一切種種莊嚴供養之具。共一切眾生。等持奉獻供養一切諸佛法身色身。舍利形像。浮圖廟塔。一切佛事。供養一切所有法藏及説法處。供養一切賢聖僧眾。願共一切眾生脩行如是供養已。漸得成就六波羅蜜。四無量心。深知一切法。本來寂靜。無生無滅。一味平等。離念清淨。畢竟圓滿。（全文具懺儀中。須精熟之。使運想不滯。註：現已悉錄如上。）

供養已。一切恭敬。（一禮　次復別用香華。係心供養地藏菩薩。一心告言。）弟子某甲。現是生死凡夫。罪障深重。不知三世業報因緣。多懷疑惑。今以某事。敬依菩薩所示三種輪相。如法占察。至心仰叩地藏慈尊。願以大悲力。加被拯接。除我疑障。（作是語已。五體投地。胡跪合掌。一心稱念。）

南無地藏菩薩摩訶薩。（或稱名。或默念。滿足至千。乃作是白。）

地藏菩薩摩訶薩。大慈大悲。惟願護念我。及一切眾生。速除諸障。增長淨信。令今所觀。稱實相應。（作此語已。雙手捧於輪相。承以淨物。至誠殷重。仰手傍擲。諦觀諦察。乃知相應與不相應。具如經說。須先自熟玩經文。知其大意。方可擲輪。否則自無細心。反疑輪為虛設。為罪多矣。）

（凡占輪相者。或欲具占三種輪相。應如是禮拜供養稱名作白。然後占初輪相。就初輪中所現善惡。一一主念。別占第二輪相。次復更占第三輪相。若有欲脩懺法。止占第一第二兩種輪相者。亦應如是禮拜供養稱名作白。次第占之。若有為自為他。但占第三輪相。欲知三世果報事者。亦應如是禮拜供養稱名作白。取第三輪相。頻三擲之。記其所現之數以知吉凶。若有脩懺已經七日之後。欲但占第二輪相。求純善相者。於清晨時。惟須作白。頻三擲之。）

【附懺壇中齋佛儀】

南無十方佛

南無十方法
南無十方僧
南無本師釋迦牟尼佛
南無過去七佛
南無五十三佛
南無十方一切佛事
南無占察善惡業報經
南無堅淨信菩薩
南無徧吉菩薩

南無觀世音菩薩

南無地藏菩薩摩訶薩

（三稱畢。次誦變食真言二十一徧。甘露真言三徧。灑淨）

《普勸學戒念佛者兼修占察經行法以作助行》科判

- 甲
  - 一 敘緣
  - 二 正勸
    - 乙
      - 一 學戒之最勝助行
        - 丙
          - 一 戒體為要
            - 丁
              - 一 祖師遺志
              - 二 戒體略釋
              - 三 求戒特別法
              - 四 菩提心發戒
          - 二 求戒感悟
            - 丁
              - 一 悔過
              - 二 無戒
              - 三 求戒
              - 四 得菩薩戒
              - 五 增信安穩
      - 二 念佛之最勝助行
        - 丙
          - 一 念佛懺罪，正助雙修
            - 丁
              - 一 總明
              - 二 懺罪得生淨土
              - 三 懺罪成就定慧
              - 四 結示最勝助行
          - 二 持名修懺，同理同宗
            - 丁
              - 一 明同理
                - 戊
                  - 一 論其體，則同一法身
                  - 二 論其相，則殊途同歸
                  - 三 論其用，則聞名不退
              - 二 明同宗
          - 三 堅固淨信，纖疑畢盡
            - 丁
              - 一 占察自己能否往生淨土
                - 戊
                  - 一 夢公提倡
                  - 二 求速反遲
                  - 三 正念思惟
                  - 四 學用二觀
                  - 五 結示修法
                    - 己
                      - 一 生西吉相
                      - 二 善護保任
                      - 三 除障之方
                      - 四 至心標準
              - 二 占察他人是否往生淨土
                - 戊
                  - 一 諦信輪相，莫隨他歧
                  - 二 至誠精進，轉禍為福
  - 三 結勸

附：有關占察行法問答十章

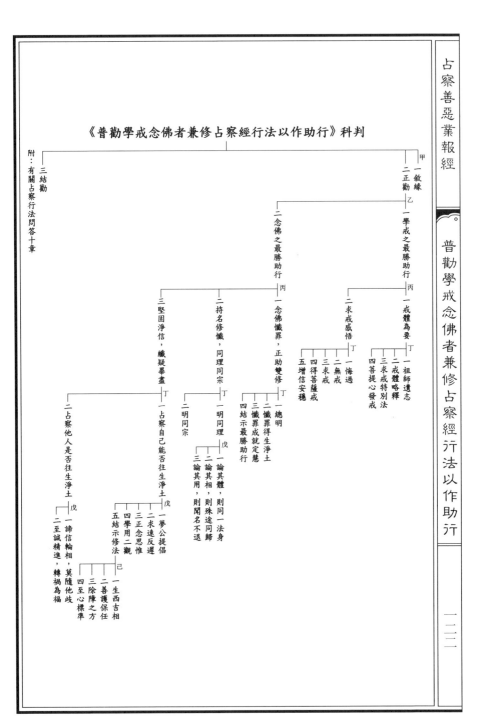

普勸學戒念佛者兼修占察經行法以作助行（科判列表如右）

甲一、敘緣

自性清淨一實境界，佛及眾生，平等無別。眾生迷此，起惑造業，感得種種不如意報。由罪障故，於果報中，妄起疑惑，由疑惑故，不能覺了「萬法唯心，一念變現，念念生滅，剎那不住，而心性本體無生無滅，本不動搖」之宇宙真相。由不覺故，造無邊業，業因果報相續不斷，窮未來際，深陷苦輪，求出無期。

此《占察善惡業報經》，乃堅淨信菩薩代眾請法，釋迦慈父，特敕地藏大士，為我等末世障重凡夫，先示三種輪相，破除邪見疑網，轉向正道，至安穩處（以第一輪相占察宿世善惡有無，以第二輪相占察善惡業強弱大小，以第三輪相占察過去、現在、未來苦樂果報）；復示懺悔行法，令我等求得清淨輪相，以為修習三昧智慧之基礎；次又廣明一實境界，以開圓解，示以唯心識觀與真如實觀二種觀道，以助圓行，斷疑滅罪，堅固淨信，三根普被，利鈍全收，直令行者證三不退，得大菩提而後已。故我淨宗九祖、清初蕅益大師盛讚此經曰：「此經誠末世救病神丹，不可不急流通。」大師一生，身體力行，弘揚此法不遺餘力，特為此經作《義疏》（含玄義）及述《占察行法》。

定弘一介凡愚，雖有殊勝機緣，親近恩師上淨下空上人十餘載，乃至出家受具，弘揚淨土，而自身煩惱習強，淨德無成。年初有幸至台灣埔里正覺精舍學戒，得遇《占察》妙法，數月來虔禮占察懺，蒙地藏菩薩慈悲攝受，獲大利益，如貧得寶。惟思報恩，不揣鄙陋，詳述管窺，供養諸仁，冀能助業重障深如定弘，而不甘沉淪者以半臂也。

甲二、正勸 二

蕅祖在《占察經懺法》之勸修篇中說：「若佛弟子欲修出世正法者，欲現在無諸障緣者，欲除滅五逆十惡無間重業者，欲求資生眾具皆得充饒者，欲令重難輕遮皆得消滅者，欲得優婆塞沙彌比丘清淨律儀者，欲得菩薩三聚淨戒者，欲獲諸禪三昧者，欲獲無相智慧者，欲求現證三乘果位者，欲隨意往生淨佛國土者，欲悟無生法忍圓滿證入一實境界者，皆應受持修行此懺悔法。何以故？此是釋迦如來格外弘慈，地藏菩薩稱機悲願，無苦不拔，無樂不與。依此修行，淨信堅固。」

可見此經此懺，能滿眾生一切世出世間願求，乃至圓滿成佛前皆須受持修行此法。茲僅從「欲得淨戒者」與「求生淨土者」兩方面發明蕅祖之意，普勸學戒及念佛者受持《占察經行法》以作最勝助行。（此二類人實已通含蕅祖所云十二類人，附錄《問答》第八章中廣明。）

乙一、學戒之最勝助行 二

丙一、戒體為要 四

丁一、祖師遺志

蓮宗十三祖中，最精研戒律者，非蕅祖莫屬也。大師五十歲時，一日對門人成時法師說：「吾昔年念念思復比丘戒法，邇年念念求西方耳。」原來大師在家時，即已發大菩提願而為其本，出家大悟後，力以戒教匡救正法，而其著述講演，皆聊與有緣下圓頓種，非初志也。大師一生志求五比丘如法共住，令正法重興，後決不可得，遂一意西馳，冀乘本願輪，仗諸佛力，再來與拔。大師此語，可謂佛門中「出師未捷身先死，長使英雄淚滿襟」之悲歌。

近代弘一律師在《律學要略》中扼腕嘆息曰：「若受沙彌戒，須二比丘授，比丘戒至少要五比丘授，倘若找不到比丘的話，不單比丘戒受不成，沙彌戒亦受不成。我有一句很傷心的話要對諸位講：從南宋迄今六七百年來，或可謂僧種斷絕了！以平常人眼光看起來，以為中國僧眾很多，大有達至幾百萬之概；據實而論，這幾百萬中，要找出一個真比丘，怕也是不容易的事！如此怎樣能受沙彌、比丘戒呢？既沒有能授戒的人，如何會得戒呢？」

此正應世尊於《大集經》中預言「我滅度後，無戒比丘，滿閻浮提。」佛法僧三寶中，佛已滅度，而法賴僧傳；若戒體承傳既斷，則僧寶亦絕，而法寶亦必隨之趨向滅亡；此即《善見律》所謂「毗尼藏者，佛法壽命，毗尼若住，佛法亦住」之義。孔子曰：「人能弘道，非道弘人。」毗尼得以久住世間，惟靠嚴淨毗尼之具戒僧也。故戒體不僅關係僧輪存廢，亦決定佛法興衰。此正是蕅祖所以一生研究毗尼，志求五比丘僧如法共住之護法苦心也。

丁二、戒體略釋

何謂戒體？唐初終南山道宣律祖在《行事鈔》卷上「第一標宗顯德篇」中，示持戒須具「戒法、戒體、戒行、戒相」四項內容。「戒法」是佛所制定之戒律教法；「戒體」即為受戒者所得戒之法體，此法體有防非止惡之功用；「戒行」乃守持戒法之行為；「戒相」乃持戒而形於外之威儀表相。四者以戒體為主要，其餘三者為輔助。受戒之時，眾緣具集，求戒者誓願受持戒法，而能納戒法於心，得到戒體，之後隨順戒體，令身口意三業不違戒法，則戒行緣以成立，由此而表現出莊嚴之戒相。

宣祖之《羯磨疏》以大乘唯識詮釋戒體云：「故作法受還薰妄心，於本藏識成善種子，此戒體也。由有本種薰心故，力有常能牽後習起功用。故於諸過境能憶能持能防，隨心動用還薰本識。如是展轉能靜妄源。」故求戒者於受戒當下，眾緣具足，心境相應，則現行之造作，感發第八藏識之戒善種子（即戒體），而此戒善種子，能牽動未來善種，蓋伏惡種，故於一切境緣中（乃至於夢中）任運（自然）防非止惡，是故有戒體者，持戒亦不為難；但仍須一心敬慎，嚴持戒律，勤護戒體，漸漸令妄心不起，而最終「能靜妄源」，轉識成智。若不得戒體，則無止惡生善、牽動善種之「源動力」，若涉境逢緣，八識田中之惡習種子易起現行（以惡心所多於善心所故），則易造惡，難以持戒。

由上可知，得戒體對於持戒人自己修持以及戒法傳承、正法久住來說，均十分重要。萬不可謂「受戒僅為形式，何須講求？」須知，戒體乃受戒則有，不受戒則無。受戒之時，心念專注，遍緣法界，於一切有情無情境界上，立誓斷一切惡，修一切善，度一切眾生，所謂「有本期誓，遍該生境」，乃可得戒。（弘公《南山律在家備覽略篇》（宗體篇）意謂：若不要期立誓，但直爾修行，僅名為世善，無願體也，且善行受心量所局，未能周遍法界。反此，若有要期受體，然後如體而修，則名為戒，且此戒善周遍法界，法界一切境緣皆是持戒之所。）因此，若不能以殷重至誠之心求戒，反生輕慢怠忽，何可受得此殊妙戒體？

丁三、求戒特別法

弘公還有一段肺腑之言：「諸位中若有人真欲紹隆僧種，必須求得沙彌比丘戒者，亦有一種特別的方法；即是如蕅益大師禮占察懺儀，求得清淨輪相，即可得沙彌比丘戒；……以後即可稱為菩薩比丘。」

《占察經》云：「未來世諸眾生等，欲求出家，及已出家，若不能得善好戒師及清淨僧眾，其心疑惑，不得如法受於禁戒者，但能學發無上道心，亦令身口意得清淨已。其未出家者，應當剃髮，被服法衣，如上立願，自誓而受菩薩律儀三種戒聚，則名具獲波羅提木叉出家之戒，名為比丘、比丘尼。」（蕅祖《義疏》云：「設於年未滿二十時，先得清淨輪相，則男止名沙彌，女亦止名為沙彌尼，或名式叉摩那，至年二十，乃名比丘、比丘尼也。」）

蕅祖云：「末世欲得淨戒，捨占察輪相之法，更無別途。」蕅祖三十三歲遇《占察經》，三十五歲前安居日佛前拈鬮得「菩薩戒沙彌」，遂發心依此經求比丘戒，於是年冬述《占察行法》。大師三十七歲時講演《占察經》，即有作疏之願，奈病冗交沓，未能如願。四十六歲時，退作三歸依人，勤禮千佛、萬佛及占察行法，次年元旦獲清淨輪相，用近一年之修持，圓「菩薩比丘」之夢。五十二歲述此經義疏，寄望後世能有至少五人發心，得清淨輪相已，便可自誓得菩薩比丘（尼）戒，如法如律，和合共住，便可令正法重興。

弘一大師云：「因為得清淨輪相之後，即可自誓總受菩薩戒，而沙彌比丘戒皆包括在內，以後即可稱為菩薩比丘。禮占察懺得清淨輪相，雖是極不容易的事，倘諸位中有真發大心者，亦可奮力進行，這是我最希望你們的。」夫難易在人耳。人若無志，則舉手之勞，亦不肯為。人若有志，則以斗量海，尚可窮底。《無量壽經》云：「人有至心求道，精進不止，會當剋果，何願不得！」

丁四、菩提心發戒

如何方能得清淨輪相？蕅祖於《義疏》中云：「今既僧輪久廢，誓續住持，故須學發無上道心，方堪感得清淨輪相。」無上道心，即是無上菩提心，三聚淨戒之本也，修行入道之首也，三輩往生之要也，圓滿佛道之因也！《華嚴經》云：「忘失菩提心，修諸善法，是名魔業。」吾人豈可不發菩提心哉！菩提心一發，必能感發清淨戒體，得見清淨輪相。蕅祖於《靈峰宗論》云：「二死之海，戒為舟楫。欲受戒品，尤以發菩提心為本。蓋菩提心，正出世戒體；大小律儀，則菩提心之相也。」

蕅祖已去三百餘年矣，弘公已去七十餘年矣，二大師剖心瀝血之言猶如面誨，定弘每閱及此，不禁潸然。當今之世，正法衰極，命若懸絲，身為釋子，久蒙佛恩，塞責苟安，於心安乎？古德護法，不惜身命，我今求戒，豈可畏難？發菩提心者，當以祖志為己志，紹隆僧種，荷擔如來，捨我其誰！

丙二、求戒感悟 五

丁一、悔過

定弘本欲此生專修專弘淨土法門，而對戒律未曾著力，且輕忽之，自受具一年多來，戒本高束，從未誦戒，更無研究，行持自不必說矣。淨公恩師慈悲，為救定弘之失，安排定弘今年初到正覺精舍，依止上果下清和尚學戒。定弘拜讀蕅祖《重治毗尼事義集要》中開示：「持戒念佛，本是一門，淨戒為因，淨土為果。」方明真念佛人，必思持戒精嚴，不使貪瞋痴慢等煩惱起現行，以能都攝六根，淨念相繼。故彭際清大士曰：「戒淨則心淨，心淨則土淨。」即如《觀經》中淨業三福之二中，「具足眾戒，不犯威儀」，亦為往生淨土及三世諸佛淨業正因也。遂深自悔責過去不學無知、違犯尸羅之罪，雖曾有弘法微善，難逃以身謗法之愆。每念及此，有如百矛刺心，佛前涕淚求哀，自責悔過。決心後半生淨律並弘，贖罪報恩。自此以後，勤學戒法，攝護威儀，日中一食，手不捉金。

丁二、無戒

今年（二〇一三年 癸巳）首次於精舍夏安居，開始兩周，定弘除隨眾課誦勤務外，餘時虔禮《萬佛名經》，每拜兼持彌陀聖號十聲，共萬餘拜，以求懺悔罪障。二七圓滿，效蕅益大師佛前拈鬮，叩問自己曾得五戒、沙彌戒、比丘戒、菩薩戒否？竟拈得「一切戒未得」之鬮。嗟乎！自己出家受具近兩年，竟還只是個「無戒光頭白衣」而已，慚愧莫名！而反思過去受戒之時，既無至誠殷重之心，更無捨命護戒之志，戒體戒相、開遮持犯，悉未研磨，徒有受戒儀式，豈能得戒？

尤可懼者，白衣混濫僧倫，同僧利養、布薩、羯磨，名為「賊住」，日日犯盜，且將永成障比丘戒之重難。定弘惶悚涕泣，擬懺罪書拜呈 清公和尚，至誠懺悔「不學無知、賊住僧團」之罪，請求退出比丘僧數而作「出家三歸人」，願與淨人一同排班、勞務，盡心服務比丘僧團，於此期間修取相懺，冀見好相後，重受比丘戒，再歸僧團。

和尚慈悲，為定弘找出弘一律師兩段開示，勸我放下憂惱，好好學戒。弘公《問答十章》云：「已受戒而不如法，不得戒者，雖於僧中聞作羯磨，亦僅判為不得滿數不得訶，決不云成賊住難，以無詐竊心故。」（故雖受戒而不得戒者，即《十誦律》

所謂「好白衣」，亦可住僧團參加一切羯磨法事。此即道宣律祖《羯磨疏》（《業疏記》卷四．三十三頁後）云：「此好白衣，五八十具，雖並心淨，不妨加法，參差不成，仍本名故」。弘一大師案語：「我等已受戒而不如法不得戒者，即屬此類。」見《弘一大師全集》中《徵辦學律義八則》。）故雖不得戒，而出家之心清淨，乃真為求道，非以賊心住僧團竊取利養等（即一般言來混飯吃者），更非以惡心在僧團中講是非、起鬥諍，破壞僧團和合者，皆可參加同僧羯磨，布薩、利養，不名「賊住」。倘非真心求道，用功修行，而剃髮染衣，混入僧團，則難逃「賊住」之罪矣。

弘公又云：「既知未能得比丘戒，擬定辦法，分為二事：一勸令禮占察懺儀，求得比丘戒。二於未得戒以前，為護法心，維持現狀，不令斷絕，令已受而未得者，學習比丘律。以上所言二事，第一為根本之辦法；第二為維持現狀之辦法。此二事應同時並行，不可或闕。若唯有第二而無第一，則永遠無真實比丘出現。若唯有第一而無第二，則過渡時代之現狀不能維持；故須二事同時並行，乃為宜也。」原來佛言比丘有八種（《含註戒本疏》曰：名字比丘、相似比丘、自稱比丘、乞求比丘、著割截衣比丘、破結使比丘、善來比丘、如法成就得處所比丘），而弘公之意，我等雖受戒而實未得戒，而無詐竊心，亦不敢冒稱比丘者，屬於「名字比丘」，仍可共住（如同僧團中常住沙彌、淨人），而應發奮圖強，依占察行法勤求比丘戒體，現在雖未得戒，當發護法心，認真學習和行持比丘戒律，維護僧團形象（即暫時維持現狀）。

丁三、求戒

定弘讀此章句，如闇遇明，遂於佛前求哀懺悔，立誓寧捨身命，勤求戒體，先求五戒，再依次求菩薩戒，沙彌戒，比丘戒，深入毗尼，以戒為師，紹隆僧種，令正法久住。七月十八日蒙 清公和尚慈悲，特別在方丈寮單獨為定弘授「淨行優婆塞五戒」。夏安居期間，副住持上天下因阿闍黎及上果下良阿闍黎為大眾僧講「占察經一實境界」及「占察行法」。二師對定弘關愛有加，鼓勵定弘禮占察懺。定弘恭聽法要，兼拜讀蕅祖《占察經義疏》，方知此經為末世求戒者大開方便之門，聽許末法時代若無善好戒師時，可先獲清淨輪相後自誓得菩薩及比丘等戒。

定弘雖已知占察懺法無比殊勝，但因原來專修淨土，又擔心念佛夾雜，猶豫不決，於是請地藏菩薩決疑，以第三輪相占察「可否不修此懺法而依然能得比丘、菩薩戒體？（若不能得戒，則立志禮懺求戒）」。占得第一百五相「觀所去有障難」。菩薩

既已明示「不修懺法欲得戒有障難」，定弘遂發心禮占察懺，以消除戒障。（附後《問答》中第一章詳細辨明禮懺念佛相輔相成之理）

先依藕祖所述之《占輪相法》，如法禮拜供養稱名，擲第一輪相之十輪，觀宿世善惡業差別；再以第二輪相之身口意三輪，各別占察第一輪相中所現之業是否相應及強弱。結果，得第一輪中相應者惟「不妄語」及「不貪欲」二種，且皆現大紅（善業強），於是信心大增。於農曆七月初八日起，在精舍己寮房內設壇，止語攝念，專心禮懺，頭七日每日禮七部，第八日起改成每日二部，並於每日清晨以第二輪相之身口意三輪，頻三擲之，竟於八月初八日晨得清淨輪相，悲欣交集，旋至三師所頂禮謝恩。

丁四、得菩薩戒

三師聞之皆大歡喜，鼓勵定弘依經所教，自誓總受沙彌、比丘及菩薩戒。然準經義，欲求戒者，若千里內有能授戒師，則須從師受戒，以尊重師師相授之傳承；若千里內無能授戒師，方聽許在佛像前自誓受戒。而定弘正依止菩薩戒比丘　清公為和尚，理應從師受戒。

清公和尚於一九八七年從泰國副僧王受比丘增益戒，得比丘戒體（弘一大師生前即有赴泰國求南傳比丘戒體之願，惜未能如願），三十年如一日深入戒法，並且如法傳戒，令中國已斷七百年之比丘僧體得以恢復，乃至明年三月埔里圓通寺戒壇中之三師七證，皆曾得南傳比丘戒體（其實，比丘戒體，由佛輾轉傳授下來，何分南北？只因泰國南傳佛教僧團之戒體承傳幸得保全，而中國北傳佛教南宋以後因王難等諸多因素令比丘戒體傳承不幸斷絕而已。）。故只要如法作羯磨授戒，便可從比丘僧得戒。此乃蕅祖、弘公一生夢寐以求之事，而定弘竟有幸遇此殊勝機緣！遂決心暫不自誓受戒，而每日禮占察懺一部，兼持彌陀洪名萬聲，祈求消除戒障，以防「故業雖滅，新業還生」，同時勤學比丘及菩薩戒法，冀於十月初八在正覺精舍於 清公和尚座下得菩薩戒體，明年三月圓通寺得沙彌、比丘戒體。

受菩薩戒前十日，定弘摒棄外緣，止語靜修，研學《梵網經菩薩戒本》及其註疏，並依蕅祖所述之《學菩薩戒法》修持。受戒日，發殷重心，如法緣境發心觀想。翌日再以第三輪相，求問地藏菩薩「是否已得菩薩戒體」？獲第一百五十六輪相「觀所患得除愈」，蓋謂無戒之患已除，所求已得，不須憂慮也。《占察經》云：「隨心所觀主念之事，若數合與意相當者，無有乖錯。」弘定頓感如釋重負，法喜充滿。至此，方可承當「菩薩戒出家優婆塞」之名。

由此亦可證明 清公和尚等三師實為得菩薩戒法師。準《梵網經》意：從菩薩戒法師前受戒，即得戒，不須要見好相（種種瑞相），何以故？此「一切諸佛大乘戒」，從華藏世界盧舍那佛，經本師釋迦如來輾轉傳來，師師相授，故但生至重心，便得戒。於菩薩戒法師前受戒而不能得戒者，惟未能生至重心也。（可詳參蕅祖《梵網經合註》。）

既得戒已，應護佛戒，《梵網經》云：「堅持佛戒，寧捨身命，念念不去心。」又云：「寧以此身投熾然猛火，大坑刀山，終不毀犯三世諸佛經律……」遂於佛前立誓：自今以後，寧捨身命，嚴持淨戒，財色名利，一概不染，少欲知足，一心敬慎，護持戒體清淨無染。

丁五、增信安穩

細思今年求戒過程，感應不可思議。地藏菩薩大悲攝受，施勝方便，善安慰說，開我迷雲，令弘定滌慮洗心，破疑除障，遠離怯弱，增長淨信。

讀至經中地藏菩薩願言：「但當學至心，使身口意得清淨相已，我亦護念，令彼眾生速得消滅種種障礙；天魔波旬，不來破壞；乃至九十五種外道邪師一切鬼神，亦不來亂。所有五蓋，展轉輕微，堪能修習諸禪智慧。」心中倍感歡喜安穩，確實感到五蓋（貪欲、嗔恚、睡眠、掉悔、疑法）較過去大大轉輕，自然發起修行志樂，不畏障難魔擾，親身感受到地藏菩薩威神護念。弘定不敢絲毫懈怠放逸，盼明年三月正覺精舍暨圓通寺傳授三壇大戒中正式得「菩薩比丘戒」。

乙二、念佛之最勝助行 三

丙一、念佛懺罪 正助雙修 四

丁一、總明

古德求生淨土者，皆鼓勵行人正助雙修。如雪廬老人曰：「淨宗學人，既具信願，必事修行。行有正助，正者念佛，在求工夫之精進；助者行善，以求障礙之免除。正助雙修，如鳥兩翼，不可或無。今之學人，念佛不得其力，皆有虧於助行。」（《雪

盧述學語錄》）

占察懺法，正是翻惡為善、免除障礙之良方。蕅祖曾修行此法十三年，特別讚歎此經，謂為「照昏衢之寶炬，救痼疾之神丹」，認為修此占法，可求上品往生，不但不背淨土，尤可作為淨土法門之有力助緣。

丁二、懺罪得生淨土

《無量壽經》阿彌陀佛第二十一願「悔過得生願」云：「若有宿惡，聞我名字，即自悔過，為道作善，便持經戒，願生我剎，命終不復更三惡道，即生我國。」須知普賢菩薩，尚且不離懺悔法門，念念相續無有疲厭。我等既非果佛再來，必有宿惡，則必須悔過懺罪，去惡就善，改往修來，洗心易行，如此念佛，方能與佛願相應而得生淨土。若有過不改，有罪不懺，口念彌陀，心不相應，喊破喉嚨也枉然，命終仍復墮三惡道。

雪公門下另一位高足周家麟老居士，生前亦極力弘揚《占察經》，其講記中說：「就好像用碗盛接飲料，如果碗不清淨，就是金漿玉液，也會變質。因之要想念佛得一心，必得先清除心中障礙，要清除心中障礙，必得尋求消除障礙的有力助緣。本經在消除業障方面，講求事理雙懺，知行兼顧，用方便的觀法，能使你很快見道，用真切的懺悔，能以幫助念佛一心。」

丁三、懺罪成就定慧

淨公恩師具體開出五個科目（三福、六和、三學、六度、十大願王）以為淨土助行，而第一科「觀經三福」最為重要。「三福」中第一福，「孝養父母，奉事師長，慈心不殺，修十善業」，乃做人根本，即是儒釋道之三個根（謂《弟子規》、《太上感應篇》、《十善業道經》）。淨公上人勉勵我等淨業學人先紮好三根，則身心淨潔，與善相應，然後一門深入《無量壽經》，長時熏修，則三昧可期。

常聞信眾疑問：「我三根已修學多年，仍不知紮好未？何時才能開始一門深入？」此疑不決，拖泥帶水，必障道業。而占察經，正以見清淨輪相，作為三業清淨、紮好三根之最佳標準。

地藏菩薩特別告誡業重之人，不得先修定慧，應依懺法先得清淨輪相。經云：「始學發心修習禪定，無相智慧者（如學一心念佛或深入經教等），應當先（以第一輪相）觀宿世所作惡業多少及以（第二輪相分別觀察身口意善惡之）輕重。若惡業多厚者，不得即學禪定智慧，應當先修懺悔之法。所以者何？此人宿習惡心猛利故，於今現在必多造惡，毀犯重禁；以犯重禁故，若不懺悔令其清淨，而修禪定智慧者，則多有障礙，不能剋獲，或失心錯亂，或外邪所惱，或納受邪法，增長惡見，是故當先修懺悔法。」

弘定對此深有體會，自己亦是業重之人，二十年前即希望修習禪定智慧，而因內有煩惱，外有障緣，始終不能成就定慧，念佛仍無法伏除妄念。今每日禮占察懺，感覺妄想昏蓋明顯減少，身心安穩。

地藏菩薩金口保證，若能發勇猛心，依《占察經》日日禮懺，精進不懈，業薄者僅需七日，業重者最慢千日，必獲清淨。然後乃可一門深入《無量壽經》，則定慧可成。細思占察懺儀內容，實已包含普賢菩薩「十大願王」，為五科淨土助行中最勝者，五科後後勝於前前，故知占察懺法實含攝五科行門。

丁四、結示最勝助行

《卍續藏》中清朝陳熙願居士所著《淨土切要》中云：「今既求生淨土，須修正助二行，使命終往生，不惟決定無疑，且增高品位。……古德於持名正行中，開出信行願三門。……然更須廣修六助行，更能勝利。」「何為助行」？「一者禮敬三寶」、

「二者懺悔業障」、「三者戒惡行善」、「四者割捨情愛（情愛即是無明痴暗，念著妄境，生起愛見，計我我所）」、「五者解釋冤結」、「六者發憤為雄（發願了悟自心一實境界，不讓諸佛）」。細思之，一部占察懺法，涵蓋六種助行，更有地藏慈尊威神加被，如經云：「以是菩薩本誓願力，速滿眾生一切所求，能滅眾生一切重罪，除諸障礙，現得安隱。」藕祖曰：「此誠末世對症之神劑，而方便中之殊勝方便也！」故此占察懺法，實乃我等末世念佛人之最勝助行。

丙二、持名修懺同理同宗 二

占察懺法，不僅是淨宗最殊勝之助行，實與淨宗持名妙行同理同宗，下詳明之。

丁一、明同理 三

占察妙法，乃地藏大士願力成就；淨土妙門，乃彌陀慈父願力成就，兩者同屬不可思議之他力法門，能令眾生速離一切障難，疾至無上道，極圓極頓。行者但能深信不疑，依教而行，自然感應道交，得獲勝益，如影必隨形，響必應聲，決無虛棄。

細閱諸經註，便知原來彌陀因地之法藏大士，與地藏大士本是一體雙身，為度不同類之有情，示現各別而已。試從體、相、用三方面論述之：

戊一、論其體，則同一法身

法藏、地藏，乃至十方三世諸佛，皆同一彌陀法身之所化現；此法身如來，如《無量壽經》所云：「來無所來，去無所去，無生無滅，非過現未來，但以酬願度生」耳。

蕅祖（《占察經義疏》）釋「地藏」之義為：「地即心地，能載能生；藏即性藏，可出可內。無不從此法界流，名之為出；無不還歸此法界，名之為內。」黃念祖上師（《大乘無量壽經解》）釋「法藏」之義為：「一切法為所藏故，名法藏。」又「阿彌陀」，此翻「無量」，顯自性本自具足無量功德、一切萬法。可知「地藏」、「法藏」、「阿彌陀」乃名異實同，同為吾人本具法身理體之名號，又是法藏、地藏二大士以無量劫功德之所建立，名以召德，故但能一心稱念一名，便是始覺合本，迴歸法身，全攝法身功德為自功德。

戊二、論其相，則殊途同歸

法藏菩薩，專求極樂淨土，接引根熟眾生；地藏菩薩，偏厚五濁穢土，化益罪苦有情。法藏已成果佛，地藏不捨因地，雖取願迥然有異，而同為彌陀法身大悲示現，同以淨土法門，度盡一切有情。

《無量壽經》法藏菩薩偈云：「我若成正覺，立名無量壽，眾生聞此號，俱來我剎中。」又云：「法藏成佛號阿彌陀，成佛以來，於今十劫，今現在說法。」今以果佛圓滿功德，建立極樂淨土，盡未來際，以一句彌陀名號，攝受法界眾生，眾生聞名，至心信樂，乃至十念，必生淨土。

而地藏宏誓，地獄不空，誓不成佛，眾生度盡，方證菩提，故永住因位，不入涅槃，盡未來際，勸化眾生，稱佛名號，求生淨土。世尊於忉利會上授其記曰：「汝能成就久遠劫來，發弘誓願，廣度將畢，即證菩提。」法界一切眾生，皆已往生淨土，圓證三不退，方名「度盡」。故知地藏菩薩正如法藏菩薩因地中發大誓願、積功累德，將來成佛時，正是一切眾生往生淨土之時，正是十方法界轉成極樂世界之時。

淨公恩師嘗親語定弘曰：「地藏乃法藏之前身。」不亦然乎！

戊三、論其用，則聞名不退

《阿彌陀經》中，世尊告言：「若有善男子善女人，聞是經受持者，及聞諸佛名者，是諸善男子善女人，皆為一切諸佛之所護念，皆得不退轉於阿耨多羅三藐三菩提。」《占察經》中，世尊告言：「若人得聞彼地藏菩薩摩訶薩名號，及信其所說者，當知是人速能得離一切所有諸障礙事，疾至無上道。」凡夫信願持名，亦可現證不退，一生補處，疾至無上道。非心性之極致，持名之奇勳，法藏與地藏之大願，何以有此？

可知兩經皆為圓頓大教，其殊勝處，便在聞名利益。而聞名之義有局有通。局義者，《占察經》謂雜亂垢心，雖誦名而不為聞，以不能生決定信解，但獲世間善報，不得廣大深妙利益。故須聞已執持至一心不亂，方為聞地藏、彌陀名號，蒙諸佛護念。通義者，彌陀地藏慈悲願力不可思議；名號功德亦不可思議，苟一聞名，必蒙護念，於同體法性有資發力，亦得遠因，終不退也。

又《占察經》除與《彌陀經》同顯聞名功德外，更須信地藏菩薩所說之法，以理事二種占察輔助持名，求生淨土。（蕅祖《玄義》中言占察二字，各有事理：「事者，依於大士所示三種輪相，至誠擲視，名之為占；審諦觀其相應與否，名之為察。理者，依於大士所示一實境界、二種觀道，如實正向，名之為占；依於大士所示巧說深法，離相違過，諦審視思惟，名之為察。」）《占察經》末後云：「若人欲生他方現在淨國者，應當隨彼世界佛之名字，專意誦念，一心不亂，如上觀察者（依經所示稱名字、觀法身、修厭離，即蕅祖所言理占察義也），決定得生彼佛淨國，善根增長，速獲不退。」可知，地藏菩薩，願同十方諸佛，出廣長舌，說誠實言，勸令眾生，求生淨土；德同普賢大士，願共眾生，同歸極樂，生彼國已，圓滿大願。如《占察懺法》之發願文云：「捨身他世，生在佛前，面奉彌陀，歷侍諸佛，親蒙授記，迴入塵勞，普會群迷，同歸祕藏。」

丁二、明同宗

蕅祖判《占察經》以「唯心識觀、真如實觀」二種觀道為宗，判《彌陀經》以「信願持名」為宗。二者實出一轍，下準蕅祖之兩經註解論述之。

《彌陀要解》言「六信」，其中「信理者，深信十萬億土，實不出我今現前介爾一念心外。……西方依正主伴，皆吾現前一念心中所現影」，此正合唯心識觀之旨。又

「信自者，信我現前一念之心（即心性）……竪無初後，橫絕邊涯，終日隨緣，終日不變。十方虛空微塵國土，元我一念心中所現物」，即是思惟心性無生無滅、隨緣不變之真如實觀。

《占察經》示三方便中，以「一心稱名及修厭離」當唯心識觀，此正與《彌陀經》「執持名號，一心不亂，厭離娑婆，欣求極樂」相同。又《占察經》示以「思惟諸佛法身與己平等」當真如實觀，此即《彌陀要解》所言信「我心遍故，佛心亦遍，一切眾生心性亦遍」。

又持名者，有事持與理持。事持者，信有西方阿彌陀佛，而未達「是心作佛，是心是佛」之理，但以決志願求生故，如子憶母，無時暫忘，即可助發唯心識觀。

理持者，即含攝二種觀道：一、信娑婆極樂及阿彌陀佛，是我心具，是我心造，如幻如化，無實境界，而以自心所具所造洪名，為係心之境，歷歷分明，不離自心，即是唯心識觀。二、信彌陀法身，一切諸佛及地藏法身，與己法身，體性平等，無二無別，不生不滅，常樂我淨，功德圓滿；一句彌陀名號，便具足法身功德，我今一心持名，不起別念，便念念不離法身，所謂「念念相應念念佛」，如《淨土生無生論》

曰：「法界圓融體，作我一念心，故我念佛心，全體是法界。」此即是真如實觀，此為「一切善根中，其業最勝」。

《彌陀要解》云：「不論事持理持，持至伏除煩惱（天台六即中觀行位，極樂四土中生凡聖同居土），乃至見思先盡（六即中相似位，四土中生方便有有餘土），皆事一心。不論事持理持，持至心開見本性佛，皆理一心（六即中分證位乃至究竟位，四土中生實報莊嚴及常寂光淨土）。當知執持名號，既簡易直捷，仍至頓至圓。以念念即佛故，不勞觀想，不必參究，當下圓明，無餘無欠。上上根不能逾其閫，下下根亦能臻其域。」故我等障重凡夫，只今信願持名，當下潛通兩種觀道，暗合一實境界，何勞持名以外別修二觀？豈須洪名之外另覓一實境界？從薄地至等覺，皆可效大勢至菩薩，以「都攝六根，淨念相繼，不假方便，自得心開」為正行。

故知持名有大功德，不可視作淺近法門。名以召德，德不可思議，故名號亦不可思議。散心稱名亦得不思議善根福德，況一心持名乎！一句投入亂心，亂心即得一念清淨。句句相續不斷，此心即暗合佛道矣。可謂方便中第一方便，了義中無上了義，圓頓中最極圓頓！

由上所述，《占察經》之兩種觀道，會歸在淨宗即為《彌陀經》之信願持名，兩經宗趣不二。而《占察經》尤為善根薄、煩惱厚者，示以持名禮懺為最初方便，助顯唯心識觀，兼有滅障勝功能，若得事一心（最下乃至晝夜功夫成片），則「善根增長，其意猛利」，再深入淨土經教，了悟「生佛平等、心作心是」之理，由事持達理持，自然成就唯心識觀及真如實觀，漸達理一心不亂境界。

又修懺時，始從香華供養，終至三歸，歷事分明，運想無滯，知唯心作，無實境界，是名唯心識觀。若始從供養，乃至三歸，事雖歷歷，一心不生，是名真如實觀。所以菩薩五悔法門（一懺悔、二勸請、三隨喜、四迴向、五發願），始自凡夫，終於等覺，無不以之為進修方便。

此持名正行與修懺助行，不僅是未得清淨輪相前必修，既已得善相而正修二觀之時，亦不必改此正助之行，以此助成二觀，轉更分明。是故持名兼修懺，乃「事理相扶、始終一致」之圓頓法門。倘輕忽事上持名及修懺，高談二種觀道及理一心，執理廢事，則重罪不滅，淨土難生。請參附表：「持名禮懺修證一覽表」。

丙三、堅固淨信 纖疑畢盡 二

淨土為難信之法，若疑網不破，便是生西障礙。而吾人疑網，非惟疑彌陀大願威神，更有疑惑自己能否往生，何時往生等；又或欲知親友往生何處，是苦是樂？乃至世間營謀等事猶豫不決，或面對種種災亂衰惱，憂畏怯弱，於世出世間因果法中，起諸疑惑，則不能堅心專求善法，障礙淨念相繼。若能以第三輪相，至心占察，則能纖疑畢盡，堅固淨信。蕅祖《占察經義疏》云：「慧解脫人（阿羅漢由慧力離煩惱障而得慧解脫，尚未得滅盡定而離解脫障者），但得盡智（未得無生智），設遇障緣，仍能暫退，故須占察也。」況我等凡夫，遇障起疑，豈可不學至心占察耶？下舉例說明為自己與他人占察能否往生淨土之情形。

丁一、占察自己能否往生淨土 五

戊一、夢公提倡

望百高齡的五台山上夢下參老法師在《占察經新講》中曾說到：「您占察占察，看能不能生到極樂世界，那條道走不通，是何障礙？您明白了，用功努力修行，幫助您掃除去極樂世界道中的障礙，這不是更好嗎？」

戊二、求速反遲

定弘常思自身業習深重，造業多端，欲速生淨土，早脫苦海。遂以第三輪相叩問地藏菩薩：「自己目前所造之業現能感生淨土否？」占察得一百四十一相：「觀所難久得脫。」定弘得此結果，一則以喜，一則以憂。喜者，六道輪迴之難最終得脫。憂者，還要忍耐長久時間方得脫苦。

戊三、正念思惟

後轉念思惟，亦不必喜，亦不必憂，此正是地藏菩薩方便開導：一則令我斷除疑慮，堅固信心，只貴自己深信切願，何愁彌陀不來接引，娑婆緣盡，自然得生淨土；二則自己剛四十出頭，已蒙 淨公恩師多年栽培，現又師從 清公和尚學戒，將來還要為續佛慧命、弘法利生盡己綿力，不應只圖自己脫苦，而不思報恩，為佛效力。於是打消妄想，一切交由阿彌陀佛安排，發長遠心、恒常心，不計功，不求速，潛心修學，老實真修，願代眾生受一切苦，但能饒益有情，令正法久住，久得脫難又何妨？

戊四、學用二觀

更進一步思惟，極樂淨土，不離當念，我心全是阿彌陀佛時，當下此方即是淨土。《彌陀要解》云：「一念相應一念生，念念相應念念生，妙因妙果，不離一心。何俟娑婆報盡，方育珍池？只今信願持名，蓮萼光榮，金台影現，便非娑婆界內人矣。」此正是「唯心識觀」。又者，時間久速緩急之感覺，皆因吾人執著壽者之相，分別過現未來；而一實境界中，一切法，本來寂靜，無生無滅，一味平等，離念清淨，畢竟圓滿，何有過現未來？此正是「真如實觀」。故念佛人貴在老實；初萌「厭久」之心，便非老實；方起「欲速」之念，已是繞遠。輪相中一個「久」字，正為抹掉吾人壽者之相，將迎之心，一把將人拉迴一實境界，豈非地藏菩薩大智辯才，巧說深法耶？由是觀之，每次占察，皆是吾人修習二種觀道，歸悟一實境界之學處，貴在行者善用其心。

戊五、結示修法　四

己一、生西吉相

如上所述，淨土行人可為自己或他人依第三輪相占察可否今生往生極樂世界，若得下列三十二相則為吉善，但其中仍有品位高下及遲速難易之不同，當自審察：

一者求上乘得不退，二者所求果現當證，三者求中乘得不退，四者求下乘得不退，二十五者有所證為真實，四十七者觀所作事成就，八十六者求佛事當得獲，九十者有所求皆當得，九十三者有所求得如意，九十四者有所求速當得，九十五者有所求久當得，九十七者有所求得吉利，一百二者求離厄得脫難，一百三者求離病得除愈，一百四者觀所去無障難，一百八者所向處得安快，一百一十三者所向處自獲利，一百二十三者觀所避得度難，一百三十六者觀障亂速得離，一百三十七者觀障難漸得離，一百四十者觀所難速得脫，一百四十一者觀所難久得脫，一百四十三者觀所難精進脫，一百五十者觀所患精進差，一百五十二者觀所患自當差，一百五十六者觀所患得除愈，一百八十四者捨身已生淨佛國，一百八十五者捨身已尋見佛，一百八十六者捨身已住下乘，一百八十七者捨身已住中乘，一百八十八者捨身已獲果證，一百八十九者捨身已住上乘。

己二、善護保任

若得吉善輪相，亦不可得意忘形，須善護三業，保任不退。須知凡夫未證不退位前，心念多變，則依心所現之輪相亦是變數，所謂「相隨心轉」。輪相所現僅就我們現前之心業，若得吉相後，放逸懈怠，甚至煩惱現行，恐再占則變為不吉矣。因此，淨業學人不妨每三個月做一次占察，檢點自己功夫是否能保持和增進。每次占察（含稱地藏菩薩名號千聲）亦不到四十分鐘，而得益匪淺，何不行之？

己三、除障之方

若所得相不吉善，例如第一百七十二相「捨身已入地獄」等，亦不必驚慌沮喪，須以所得輪相省察內心：如何將內心之增上煩惱放下？當修懺悔，改過自新；提起精進，力斷染緣，聽經念佛，則精進修行一段時間後再占察，可獲吉相。

《占察經》中地藏菩薩云：「若未來世諸眾生等，一切所占，不獲吉善，所求不得，種種憂慮，逼惱怖懼時，應當晝夜常勤誦念我之名字。若能至心者，所占則吉，所求皆獲，現離衰惱。」

淨業學人可每日稱千聲地藏菩薩摩訶薩名號，餘時則晝夜念阿彌陀佛名號以代地藏聖號。依《占察經》意：聞地藏洪名，即為聞十方佛名。依《彌陀經》意：聞彌陀洪名，即為聞十方佛名。因此執持彌陀洪名，不異持地藏洪名，亦不異持一切佛名。若能持到「至心」者，再次占察，即可獲吉。

又《無量壽經》中阿彌陀佛第十八願云「至心信樂，欲生我國，乃至十念」，必定往生。一般念佛人都有或多或少的「信樂」，然而未必達到「至心」的標準，故念佛人多，往生者少。而未達「至心」者，乃因業障未懺除，三業不清淨，尤其是曾犯重罪者，如邪淫墮胎、嚴重殺生、盜三寶物、毀謗佛法等，雖能悔過迴頭，往往信心不足，心志卑弱，疑障重重。如是之人應發心以占察懺為日課，先專修懺法七日，再每日清晨以第二輪相三輪通擲，占察自己是否三業清淨、符合「至心」標準。若三擲所得九枚輪相皆善（無論大善小善），則證明罪障盡滅，三業清淨了。若不得清淨輪相，則須繼續每日修懺，以見清淨相為期，但念輪迴可怕，發起勇猛精進心，莫生煩厭懈怠。根據定弘粗淺經驗，欲得清淨輪相，須先將俗務塵緣放下，收攝身心，專注禮懺，發勇猛志，不見善相誓不罷休，乃至盡形壽亦不退墮，又不可有急於求成之心（以其心浮躁，障種難伏，難感善相也），但以平常心專志修懺占察，不懷疑、不求速、不預期、不將迎，終必得善相。一旦得到善相，便得地藏菩薩威神護念，修行必能大幅增上，永離一切魔事障礙，冤親債主亦不能擾亂，此時若能發起勇猛精進，晝夜念佛，不惜身命，則必速得三昧，開大智慧。

己四、至心標準

《占察經》云：「雖學懺悔，不能至心，不獲善相。」學習至心下手處，唯在虔誠恭敬，如懺前之淨室浴身，華香供養，懺時之禮拜觀想，隨文運心，皆須盡心如法，不可簡慢，方能感通。（印祖云：「欲得佛法實益，須向恭敬中求；有一分恭敬，則消一分罪業，增一分福慧。」）若身口意三輪中有不善相現出，則須依此反省改過，懺悔業障。是故輪相正是觀照三業之明鏡，地藏大士巧令行人審除過惡之方便也。若懺悔至清淨輪相現出，則證明罪業消除，三業清淨，此時方可名為「至心」，再專修念佛，自然漸得事一心不亂，乃至理一心不亂。禮一部懺，初學者僅需一小時，熟練者僅需半小時，費時少而功效大，何不努力為之？

具體而言，何謂至心？非謂「初始學習求願至心」，因未離散動，未伏障種，乃名字初心，故未能獲清淨輪相。此經言能獲善相之「至心」標準，有下、中、上三種差別。「何等為三？一者一心，所謂係想不亂，心住了了。二者勇猛心，所謂專求不懈，不顧身命。三者深心，所謂與法相應，究竟不退。」

據蕅祖《義疏》之意，下等至心者，稱為「一心」，即能收攝散亂之意念，使心不雜想，專精於所修之法上，則對眼前種種，如鏡照物，了了分明，能得欲界細住（欲界定，有定無慧），若依天台六即位，至少是名字位後心（聞、解不思議理性，信一心中，具十法界，理具事造，兩重三千，同在一念，一切諸念，亦復如是），或是初隨喜品（即觀行五品位之初心，對不思議理性，已能通達，生大歡喜，內以三觀，觀三諦境，外以五悔，勤加精進，助成理解，其心念念與諸波羅蜜相應）。故亦可得清淨輪相，多是冥益，而無餘好相。

中等至心者，稱為「勇猛心」，即是在收攝亂心之後，心無別念，專心一意，不稍懈怠，成就勇猛，乃至失命因緣，亦在所不顧，六即位中在觀行位後心（隨喜、讀誦、說法以外，還能兼行六度，乃至正行六度而涉事不妨理，在理不隔事），若在多分上，則兼得諸餘好相，如見光明滿室，聞殊特異香，身意快然，或夢佛菩薩放光摩頂安慰等。

上等至心者，稱為「深心」，即所謂相應至心，行者於一心精進後，心能與道法相應，獲得六根清淨明利，道心堅固，於六即法中為相似位初心（圓教初信位以上，斷見惑，顯真理，與藏教初果位齊，證位不退），能感菩薩現身說法，故得究竟不退也。

下等、中等至心，雖亦能得清淨輪相，兼有冥益或顯益，而不得究竟，仍會退轉。必須到上等至心，方證不退。則前二種至心者，雖獲善相，急須修行禪定智慧，令與二觀（唯心識觀、真如實觀）相應方可。前明信願持名，即統攝二觀。故仍須精勤研習淨土教理以增信願，一心念佛以伏妄念，直至相似位，方能現證不退。

丁二、占察他人是否往生淨土 二

戊一、諦信輪相 莫隨他歧

定弘之祖父於今年九月初五往生，往生前神志清醒，信願堅定，近百人為其日夜輪班助念。斷氣二十四小時後全身柔軟，頭頂餘溫，身有香氣，兼有助念者見滿室放光；其三子本不信佛，而出門見白光自天邊劃過眼前而始信不疑等諸瑞相感應。定弘於翌日晨占察老人是否已經往生淨土，得第一百五十六相「觀所患得除愈」。蓋地藏菩薩知定弘二十年來竭力勸導，苦心安排，惟願祖父得生淨土，特以告慰——今所求已得，可解除心頭憂患矣。幾天後，有通靈者說看到祖父未往生，定弘遂再次占察，得第一百二十三相「觀所避得度難」，謂往生淨土即是度脫輪迴苦難，此與前所占相應，可證祖父往生無疑。

因此，若有疑不決，不可旁問附體通靈，或隨逐世間占卦問卜，亦不可盲信自謂已得禪定神通天眼宿命者之言，應至心如法占察，依憑地藏菩薩所示，則萬無一失。《占察經》云：「若佛弟子，但當學習如此相法，至心歸依，所觀之事，無不成者。不應棄捨如是之法，而返隨逐世間卜筮種種占相吉凶等事，貪著樂習。若樂習者，深障聖道。」

世間占卜算命，乃根據經驗從數理上推演，而不知命由我造，禍福自召之理，往往落入宿命論之邪見。

附體通靈者多是依賴鬼神之言，少有佛菩薩天人傳語，而鬼神仍是六道凡流，難知一切境界唯心自現、緣起性空之甚深諦理，所謂「緣合故有，緣盡則滅，業集隨心，相現果起，不失不壞，相應不差」，故通靈者之言，若與佛所說法相應，則僅作參考；若不相應，切不可盲目聽信恐誤入邪途。（如印光大師印證《西方確指》乃明末覺明妙行菩薩傳語，與淨土經教旨趣相同無異，則可信受。印祖云：「扶乩一事，皆靈鬼依託扶者之智識而為，亦或多由扶者自行造作而庇者，且非全無真仙，殆千百次偶一臨壇耳。至言佛菩薩，則全是假冒。但扶乩者，多是勸人為善。縱不真實，因其已掛善之名，較之公然為惡者，當勝一籌。又可證明有鬼神禍福等事，令人有所畏懼。所以吾人亦不便故意攻擊。」又云：「乩壇所開示改過遷善，小輪迴，小因果等，皆與世道人心有大裨益。至於說天說佛法，直是胡說。吾等為佛弟子，不可排斥此法，以其有阻人遷善之過。亦不可附贊此法，以其所說佛法，皆屬臆撰，恐致壞亂佛法，疑誤眾生之愆。」）

至於自謂已得禪定神通天眼宿命者，於正法、像法時代中或可相信，而今末法時代，法弱魔強，即身成就三乘果位乃至世間禪定感發神通者難值難遇。《占察經》中有明示：「如佛先說，若我去世，正法滅後，像法向盡，及入末世，……得道者極少，乃至漸漸於三乘中，信心成就者亦復甚尠，所有修學世間禪定，發諸通業，自知宿命者，次轉無有；如是於後入末法中，經久得道，獲信禪定通業等一切全無。」如今已入末法時代一千年矣，可知得禪定神通者「一切全無」，縱有佛菩薩示現世間，亦惟以正法教化眾生，決不會示現神通，亦不會自言得道證果，以乖違佛語故。

佛在世時，目連尊者，古佛再來，示現證得阿羅漢果，對比丘說諸神通事，令諸比丘起疑，佛言目連所說如實，但又禁止目連不可復說，說得多罪。四果聖人說神通事，佛尚遮止，況今末世未證果者乎！（佛制比丘向人說過人法得罪，唯開許泥洹時說，如六祖慧能大師圓寂前預言「吾滅後五六年，當有一人來取吾首」及「吾去七十年，有二菩薩從東方來，一出家、一在家，同時興化，建立吾宗。締緝伽藍，昌隆法嗣」；又如夏蓮居往生前說無量壽經會集本將來會從海外傳廻大陸。咸皆應驗，且人已離世不會令眾生疑惑，故不違佛制。）故我佛門弟子，即使自有神通，亦不可說，以乖違佛制惑亂眾生故，更不可求問他人神通預測，深障聖道故。惟須一心求道，若有疑則可以占察輪相如法決疑。

輪相一法，乃地藏菩薩依於一實境界，顯示無性緣生、唯心所現之奧義，為我等末法眾生建立之大神通法門。若占察輪相與主念之事相當，便是地藏菩薩神力示現，無論所占之相吉與不吉，應當諦信，皆不可疑其錯謬，自招謗法罪尤。

戊二、至誠精進 轉禍為福

又若所占之結果不吉，當修懺悔，精進念佛，可轉禍為福。近日北京一居士之案例，可為佐證。其妻懷孕五個月，測知是雙胞胎，不幸流產，此居士悲痛不已，彷佛感覺二嬰正處危難之中，遂占問二嬰去向，得一百九相「所向處有厄難」。此居士悲極虔求阿彌陀佛、地藏菩薩超拔救濟二嬰靈往生淨土，隨即發願奮力念佛二十四小時，讀誦《無量壽經》，兼禮占察懺求懺悔，並請多位法師及定弘為之迴向。其妻本來高燒不退，臉色發黑，此居士發願約一小時後，其妻猛然發汗，病況忽然好轉，此居士亦頓覺全身清涼，悲傷之感全無，感覺到兩位嬰靈已離苦得樂。第三日，其家人等二十四小時奮力念佛為二嬰靈迴向。第四日念佛圓滿後，此居士再次占問「二嬰靈是否往生淨土」，得百五十六相「觀所患得除愈」，喜極而泣。

又祈請定弘再為二嬰靈占察「是否確定生西」，定弘感其至誠，為其占察，得百一十三相「所向處自獲利」，可知二嬰靈生西無疑。

此居士翌日念地藏菩薩名號萬遍，求地藏菩薩再示二嬰靈去向。當晚夢中顯示一張白紙，文字大意爲，兩個嬰靈確定已經往生，不必憂慮懷疑，他們往生完全是地藏菩薩慈悲超拔，還提醒此居士要好好修行，念佛。文字不長，於夢中出現兩次。二嬰靈往生之後頭七晚上托夢給此居士，言其下輩往生，特來報謝。證明此居士與定弘所占結果亦是真實。亦足證至誠發願、念佛禮懺之功德不可思議，如經云：「速得除滅惡業重罪，離諸障礙」，真實不虛也！

甲三、結勸

上來敬述自己學習占察行法之粗淺心得，普願淨業學人，皆能信受奉行此地藏菩薩「殊勝方便深要法門」，皆能如佛所言，「信其所說者，當知是人速能得離一切所有諸障礙事，疾至無上道」。

佛言「如此法門，甚為難值，能大利益」。定弘半年來得此無上醍醐，親蒙勝益，對釋迦慈父、地藏菩薩、堅淨信菩薩、淨公恩師、現前授我菩薩戒之三師、及正覺精舍如法僧團，感恩不盡，愧無以報，惟不敢暫忘世尊昔日王舍城耆闍崛山中之殷切囑咐，「汝等各各應當受持此法門，隨所住處，廣令流布」，願效堅淨信菩薩「此法真要，我當受持，令末世中普皆得聞」。

適時北京慧劍居士發心印製流通此經及《義疏》、《行法》，欲廣利眾，問序於余。余義不容辭，夜以繼日，述成此序，贅言萬餘，而所述者，如毛塵水，所未述者，如大海水，雖無補於深廣，庶具海之全味。不敢於上根利智者門前弄斧，惟願與一切下根凡夫如定弘者，同沾法益，共享醍醐。

然自知慧淺學疏，雖殫精竭慮，數易其稿，且蒙 清公和尚、天因闍黎、果良闍黎慈悲賜正，仍恐殘留瑕疵，自誤誤人。故於擱筆之日清晨，以第三輪相求證於地藏慈尊：「此序能否付梓流通利益眾生而無貽害？」占前依儀軌虔誦千聲地藏名號時，本來陰霾滿天，忽然太陽撥雲而出，透過玻璃門窗，射入寮房，光明滿室，一片祥和，頓感身心快然。擲得一百一十八相「君民好國豐樂」，蓋謂此書及序若能付梓流通，能令國家上下安好和樂，災厲不起，國豐民安，此正合藕祖《占察懺願文》中所說：「令此國土，災亂消除，正法流通，咸生淨信，無諸障礙，永斷魔邪，我及眾生，重罪速滅，現離衰惱，充足資生……」若非十方三寶、地藏慈尊哀愍護持，救拔拯濟安可得乎？

定弘感恩戴德，於彌陀聖誕，燃臂香四炷，供養
釋迦慈父、地藏大士、彌陀本尊、靈峰蕅祖，於正覺精舍彌陀誕佛七中七晝夜念佛迴向發願，誓做釋迦孝子、地藏忠臣、彌陀真徒、靈峰嫡後，以信願持名為正行，以持戒修懺為助行，普與善友，生弘淨律，終歸安養！

常慚愧學戒沙門釋定弘敬撰於正覺精舍

初稿成於癸巳年十月二十一

脫稿於癸巳年臘月二十七

持名禮懺修證一覽表

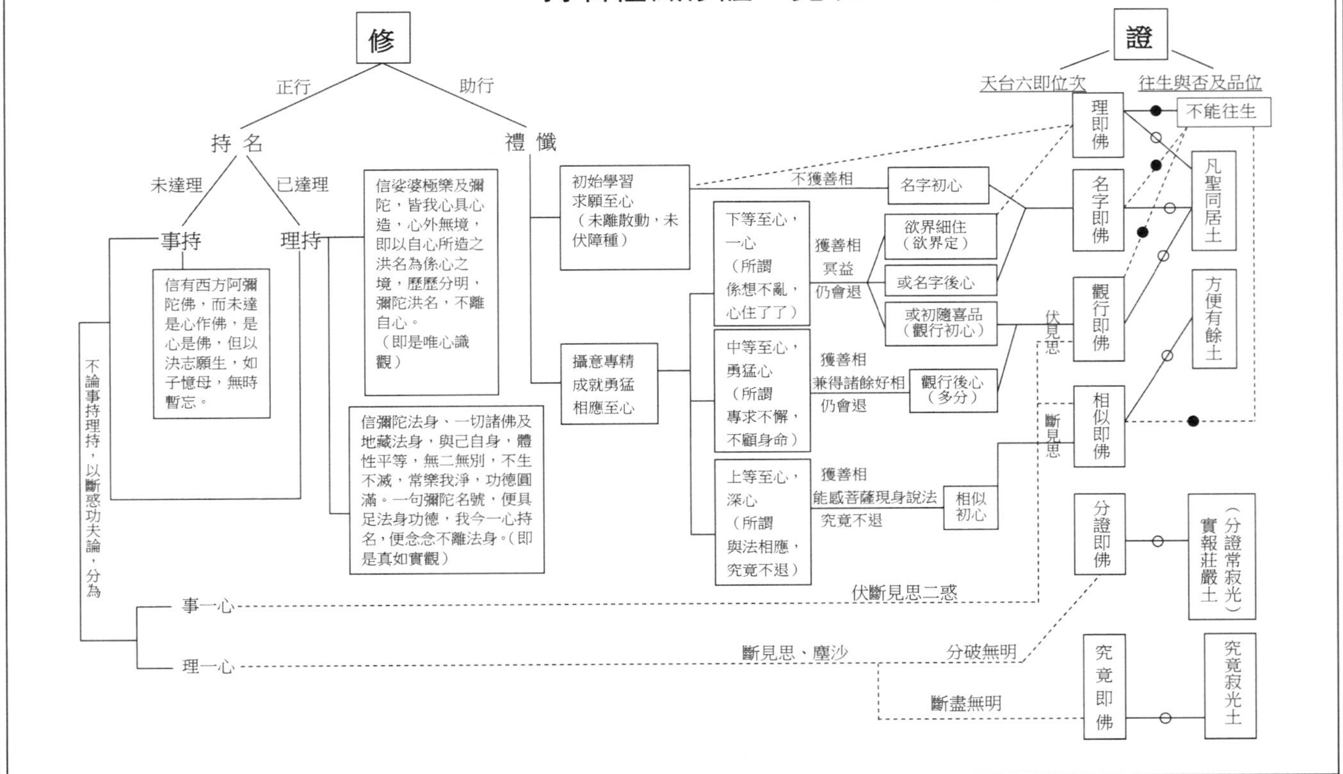
○ 若深信切願，乃至十念，得生
● 若無信願，不得生
修
正行
助行
持名
未達理
已達理
事持
理持
信有西方阿彌陀佛，而未達是心作佛，是心是佛，但以決志願生，如子憶母，無時暫忘。
信娑婆極樂及彌陀，皆我心具心造，心外無境，即以自心所造之洪名為係心之境，歷歷分明，彌陀洪名，不離自心。（即是唯心識觀）
信彌陀法身、一切諸佛及地藏法身，與己自身，體性平等，無二無別，不生不滅，常樂我淨，功德圓滿。一句彌陀名號，便具足法身功德，我今一心持名，便念念不離法身。（即是真如實觀）
不論事持理持，以斷惑功夫論，分為
事一心
理一心
禮懺
初始學習求願至心（未離散動，未伏障種）
攝意專精成就勇猛相應至心
下等至心，一心（所謂係想不亂，心住了了）
中等至心，勇猛心（所謂專求不懈，不顧身命）
上等至心，深心（所謂與法相應，究竟不退）
不獲善相
獲善相
冥益
仍會退
獲善相
兼得諸餘好相
仍會退
獲善相
能感菩薩現身說法
究竟不退
名字初心
欲界細住（欲界定）
或名字後心
或初隨喜品（觀行初心）
觀行後心（多分）
相似初心
伏斷見思二惑
斷見思、塵沙
分破無明
斷盡無明
伏見思
斷見思
證
天台六即位次
往生與否及品位
理即佛
名字即佛
觀行即佛
相似即佛
分證即佛
究竟即佛
不能往生
凡聖同居土
方便有餘土
（分證常寂光）實報莊嚴土
究竟寂光土

附錄：有關占察行法問答十章

（一）修懺悔對念佛是否夾雜？

問：淨公老和尚反覆強調淨土修行貴在一門深入，長時熏修，一部《無量壽經》，一句阿彌陀佛，足夠了。連蕅祖自己亦說：「念得阿彌陀佛熟，三藏十二部極則教理，都在裡許；千七百公案，向上機關，亦在裡許；三千威儀，八萬細行，三聚淨戒，亦在裡許。」汝今教人再加禮占察懺，豈非夾雜？

答曰：能於一部《無量壽經》，一句阿彌陀佛，專精深入者，必是信心堅固、業障輕微、善根福德深厚之人，因其能聞即信受，老實念佛故也。甚至如蕅祖所云，真能念佛念得熟，不懷疑、不間斷、不夾雜，已得一心不亂，則自然戒品清淨，因定發慧，則一切佛法悉能通達。而業重凡夫，或前世今生多犯重罪，障深慧淺，信少疑多，妄想紛飛，惡念洶湧，甚至資生不足，病苦纏身者，對淨土法門不能深信不疑，不能老實念佛，則地藏菩薩特別垂訓：應先修懺法得清淨已，方可進修定慧（即一心念佛），否則多有障礙，難以成就，甚至失心錯亂，邪魔惱亂，入於邪道，占察經文可詳閱。定弘二十年來專聽淨公恩師經教，近幾年專學《無量壽經》，雖信解略開，而行證全無，仍不能調伏散動妄心，六根逐境，每多造業，心常憂惱。幸遇占察妙法，開我迷雲，洗我心垢，除我業障，解我憂惱，信心大增，精進自起，歡喜念佛。可見禮懺與念佛確實相輔相成。

淨公恩師於《淨土大經解演義》第一三五集中說：「如果他真的一句阿彌陀佛，其他的萬緣都放下，行；他如果只念這一句阿彌陀佛，其他萬緣還沒有放下，那就不行，他的障礙太多了，業障習氣他斷不掉，他還受這個干擾，那就不行。……現在有許多人成就念佛，一句佛號念到底，加什麼東西幫助？加《阿彌陀經》，或者是加《無量壽經》。如果每天讀誦《無量壽經》，或者是讀誦《阿彌陀經》，煩惱伏不住，業障還會現前，這個時候你念佛功夫不得力，怎麼辦？一定要修懺悔法門，持戒懺悔，要閻障既除才行，你閻障沒除不行。」

因此，若君是上根利智如永明壽公，或是老實純真如鍋漏匠者，而能晝夜念佛，不起雜念，自可不須占察行法以作助行。苟非如此，勸君切莫師心自用，漠視藕祖苦勸，自誤誤人！（須知永明壽公在日課十萬佛號專修淨土之前，亦禮法華懺以作前行。）

（二）何故少聞古德弘揚占察經者？

問：若誠如蕅祖所言乃「此經誠末世救病神丹，不可不急流通」，何故古來大德除蕅祖外，少有弘揚流通此經者？依此經修懺者自古亦鮮聽聞？

答曰：此有二因，一約眾生根性，二約客觀條件。

一者，從眾生根性說，此經乃堅淨信菩薩，特為末法時代業重福薄、鈍根少信之眾生，請問世尊及地藏菩薩：「以何方便而化導之？」而正法時代及像法時代，人根尚利，業障輕微，信心堅固，堪修定慧，故不需占察行法，亦可得道。今值末法，去聖時遙，當今之世，誠如佛言：「眾生福薄，多諸衰惱，國土數亂，災害頻起，種種厄難，怖懼逼繞。我諸弟子，失其善念，唯長貪瞋嫉妒我慢，設有像似行善法者，但求世間利養名稱，以之為主，不能專心修出要法。爾時眾生睹世災亂，心常怯弱，憂畏己身及諸親屬，不得衣食充養軀命。」故知，現代眾生正是此經所契之機，所謂無罪不滅，無障不除，無苦不拔，無樂不與。以契機故，不可不急流通之；亦以契機故，可卜此法必定昌盛，學者甚眾。蕅益大師，法身應跡，於三百餘年前，即為此經述《義疏》及《行法》，以作末法九千年學此經法者之依怙。

再者，從客觀條件說，古人欲得一套木輪是極不容易之事，故依占察懺法修行者不多。

淨公老和尚早年曾親手依經所述做了許多套木輪。弘一大師精通篆刻藝術，昔日依經所述親手製作一套標準木輪，贈給上夢下參老法師，並囑以弘揚占察法門，因此夢老一生亦極力弘揚之。而今此木輪樣板已通過機器大批量生產，極易請得，此乃我等莫大福報，當珍惜之，努力依教奉行，莫辜負佛菩薩及祖師大德之苦心。

（三）占察懺可取代紮三根否？

問：淨公老和尚勸修淨土者先紮三根（《弟子規》、《感應篇》、《十善業道經》），然後即可專修《無量壽經》，汝今教人以禮占察懺取代三根，何故？

答曰：三根乃佛法修學基礎，不可取代。然業重之人，連三根亦不能做到。例如《弟子規》云「非聖書，摒勿視」，而在網上看到不良畫面時，仍不由自主為其所迷者；又如《感應篇》云「見他色美，起心私之」，而邪念如潮，不能自制，因果報應、天地鬼神頓忘腦後者；再如《十善業道經》言「不瞋恚」，而遇到拂逆境界，仍勃然大怒不能自制者。當今濁世，如是等人，不可勝數。此類學佛人，雖皆有宿世善根，能信淨土，但於濁世中，深受污染，又加煩惱習強，境界現前，多造惡業，雖無數次佛前懺悔，怎奈末法時代，未證不退之前皆是進少退多；設欲修行，多諸疑障，或擾外魔，或遭邪見，助緣缺乏，淨信不成。如是之人，便是《占察經》最契之機，堅淨信菩薩諮請世尊，特為末法眾生曲垂悲救，佛令地藏建立方便，開出神藥，無罪不除，無病不療。蕅祖曰此法乃末世「救痼疾之神丹」，正此意也。須知，一切佛法，皆如藥方，我等末世罪苦眾生，如病入膏肓之人，須先以此神藥救其垂危，再用「三根」以養其虛體，後用「一門專修」以復其健朗也。

（四）念地藏聖號抑或觀音聖號？

問：印光大師昔日教人每日除念阿彌陀佛外，兼持觀世音菩薩聖號，汝為何又教人兼持地藏菩薩名號？豈非違背祖意？

答曰：準蕅祖《占察懺法》，觀世音、普賢二菩薩之慈悲慧行、普度群迷，與地藏菩薩威神無異。印祖教人持觀音聖號，蕅祖教人禮占察懺及持地藏聖號，皆可作為念佛人之有力助行，行者自選一尊菩薩稱名，怎可執此非彼？

印祖教念佛者兼持觀音聖號，乃觀音慈悲救苦，有大利益，《法華經》及《大佛頂經》皆云：「持六十二億恒河沙諸法王子名號，與持觀世音一名功德，正等無異。」

蕅祖教人稱禮地藏菩薩，亦因其慈悲救苦，有大利益，《大乘十輪經》云：「假使有人，於其彌勒及妙吉祥并觀自在、普賢之類，於百劫中至心歸依，稱名念誦，禮拜供養，求諸所願，不如有人，於一食頃，至心歸依稱名念誦禮拜供養地藏菩薩，求諸所願，速得滿足。所以者何？如是大士，為欲成熟諸有情故，久修堅固大願大悲，勇猛精進，過諸菩薩，是故汝等應當供養。」

蕅祖釋此意曰：「今以二意釋之，一者平等意趣，則六十二億所證法性，與一大士所證平等；百劫至心所契法性，與一食頃所契平等。二者差別意趣，則此土眾生，與六十二億大士所有因緣，不若觀音大士因緣最深，與觀世音大士所有因緣又不若地藏大士因緣更深也。」

娑婆眾生與地藏菩薩多劫所結法緣極深，故聞名睹影，易起信心，聆法蒙光，能獲果證也。故我等欲求生淨土，若能持念彌陀聖號之外，加以禮占察懺及日課千聲地藏聖號，則必蒙地藏菩薩加護，所願必得，莫復疑慮！

（五）念《地藏經》抑或禮占察懺？

問：弘一大師一生「誓作地藏真子」，「願盡未來普代法界一切眾生備受大苦」，嘗云：「地藏法門實與淨宗關係甚深，豈唯殊途同歸，抑亦發趣一致。」故普勸淨宗道侶兼持誦《地藏本願經》以為助行。汝今教人禮占察懺，豈非悖逆弘公之意？

答曰：我淨宗十三祖印光大師為《贊禮地藏菩薩懺願儀》（藕祖所述）重刻作序，文云：「十輪、本願、占察三經，同由地藏大悲願力，令末世孤露無依眾生，悉皆得大恃怙也。」故三經乃一而三，三而一，文雖有別，義理無二。行者自可選其中一經或二經讀誦受持，皆可作淨土有力助行。豈可據《本願經》而斥《占察經》，反誣提倡《占察經》者為悖逆弘公之意？設有專持《本願經》而不修占察懺者，君是否又誣他悖逆藕祖之意耶？

須知：世尊臨入滅前特升忉利天宮，將三界眾生付囑與地藏菩薩，令其於佛入滅後，示現比丘僧相，代理娑婆教主，度化末世眾生。地藏菩薩在忉利會上特為未來眾生演利益事，無問自說念佛功德，勸令眾生稱佛名號，而未明勸求生淨土。

相比之下，其餘二經皆有明勸求生淨土。如《地藏十輪經》云：「當生淨佛國，導師之所居」；「當生淨佛土，遠離諸過惡」；「不久安住清淨佛國，證得無上正等菩提」；「速住淨佛國，證得大菩提」。然《十輪經》雖明勸求生淨土，且廣歎稱名念誦歸敬供養地藏菩薩之利益，而未明示專稱佛名。

《占察經》則兼明專稱佛名及求生淨土，經云：「若人欲生他方現在淨國者，應當隨彼世界佛之名字，專意誦念，一心不亂，如上觀察者，決定得生彼佛淨國。」此與《阿彌陀經》之宗「深信切願，專持佛名」，及《無量壽經》之宗「發菩提心，一向專念」不二。由此可知地藏三經中，《占察經》與淨土念佛法門最為相應，受持最易，且篇幅最短，而理觀事儀，昭然可踐。蕅益大師《刻占察行法助緣疏》將此經讚至極致：「此《占察善惡業報經》，誠末世多障者之第一津梁也。堅淨信菩薩殷勤請，釋迦牟尼佛珍重付囑。三根普利，四悉咸周。無障不除，無疑不破。……此二卷經，已收括一代時教之大綱，提挈性、相、禪宗之要領，曲盡佛祖為人之婆心矣。」

地藏三經之中，《占察》東來最早，為隋朝三藏法師菩提燈所譯，而《本願》、《十輪》皆於唐代始譯出。古來譯經師皆通三藏，法眼圓明，度生悲切，必選最殊勝者先譯。而《占察經》對我國天台教觀之中興有大藉助。據蕅祖之說，隋朝智者大師發明「六即」之理，蓋本乎此經，且此經亦是天台「五悔門」所據經典之一。

然欲修占察懺者，亦須先熟悉《本願經》，因《本願經》中世尊廣歎地藏菩薩功德及不思議利益事，意在使令眾生信受地藏菩薩所說，依教奉行。如同上古時代聖君禪讓，必先讚歎繼位之新君，令百姓對新君堅信不疑，方能奉行新君之號令。釋迦法王入滅前讚歎地藏菩薩亦復如是。地藏菩薩在《占察經》中慈令眾生修懺悔法，占察三業，若不能對地藏菩薩之不思議功德諦信不疑，則禮懺時難有至心，豈能得清淨輪相？

《占察經》序分中佛即盛讚地藏菩薩功德，然不如《本願經》所讚之具體詳細。因此，行者若對地藏慈悲慧行了解不夠，則應先研讀《本願經》，對地藏法門生起殷重至誠，然後修占察懺則易得清淨輪相。

（六）占察結果可靠否？

問：依三種輪相占察所得結果，是否有隨機出現而非真實可靠的情形？例如，若禮懺占察身口意三業，經云：「日日如是行懺悔法，……若人宿世遠有善基者，……經七日後，即得清淨；……或經二七日後而得清淨；……或經三七日；乃至或經七七日後而得清淨；……或經百日而得清淨；或經二百日，乃至或經千日而得清淨。」然若按統計學，連擲三次得九輪皆為善相（無論大紅小紅）者，其概率為 = 1/512，意即：連續擲512日（不需千日），亦可能得清淨輪相。則我現在所得之相，怎知是地藏菩薩印證我三業清淨，抑或僅為隨機出現者？

答曰：君所說者，僅為概率理論、比量推斷，在無佛菩薩威神加持下尚可講得通。然如法修懺擲輪時，得地藏菩薩威神願力加持，令每擲皆顯現君當前三業之善惡果報，決非隨機巧合。《大佛頂經》所謂「隨眾生心，應所知量」，乃不可思議境界，非凡人以邏輯推理，概率估算所能及也。如同具足信願者，十念必生淨土，亦是諸佛所行境界，非凡夫所能信解也。故蕅祖曰：「輪相一法，乃地藏大士威神之所建立，依法而求，決無虛謬。」行者若能達到如前所述之「至心」狀態，只需一擲，地藏菩薩即令得清淨輪相，絕不需擲512次方得。苟不達「至心」，則莫說512次，縱然擲512萬次，地藏菩薩亦不令顯清淨輪相，經中已明三等「至心」是得清淨輪相之唯一標準。以簡單譬喻言之，假使有人，於身口意三輪中各輪之大紅一面藏入薄鐵片，在擲輪所用之淨布下暗藏一磁鐵，愚人不覺，擲了512次，每擲必看到三輪之大紅一面朝下（因有磁鐵相吸故），而大黑一面（反面）朝上，謂「奇哉！何故以概率理論512次中必有善相出現，而今卻每次得全黑！」一智者曉得此中道理，告知愚人：「汝輪中大紅一面被桌面磁力牽引，故不得呈現，障汝善相。」磁力喻惡業牽引，若不能懺除而達至心，終不能見善相也。因此，輪相結果，決非簡單概率可以解了，乃由地藏菩薩威神建立，令輪相顯現行者當下自心業力所感结果，決無虛謬，亦非巧合。

世尊於忉利會上無量諸佛菩薩諸天大眾前盛讚地藏菩薩之神力、慈悲、智慧、辯才皆不可思議，豈是戲論！難道連區區木輪顯相亦不能令其真實？君若疑輪相結果不真實，即是疑地藏菩薩於昔日耆闍崛山大會中世尊及大眾前打大妄語。君切莫以為地藏菩薩之不思議神力，尚不能及君之屈指一算，無異井底之蛙以己淺識妄測天之廣博，取笑識者而已。

《地藏本願經》云：「未來世中，若有惡人及惡神惡鬼，見有善男子、善女人，歸敬供養讚歎瞻禮地藏菩薩形像，或妄生譏毀，謗無功德及利益事，或露齒笑，或背面非，或勸人共非，或一人非，或多人非，乃至一念生譏毀者。如是之人，賢劫千佛滅度，譏毀之報，尚在阿鼻地獄受極重罪。過是劫已，方受餓鬼。又經千劫，復受畜生。又經千劫，方得人身。縱受人身，貧窮下賤，諸根不具，多被惡業來結其心。不久之間，復墮惡道。是故普廣，譏毀他人供養，尚獲此報，何況別生惡見毀滅。」能修占察法門者，便是對地藏菩薩之如教修行供養，君慎莫生一念譏毀，自招重殃。

（七）若占察結果不相當怎麼辦？

問：若我占察第三輪相，占了好幾次所得結果都不相當，是否就是輪相不靈？該怎麼辨？

答曰：君切莫有此疑念，造譏毀之業。如上一問答中所述，占察之法，乃地藏菩薩威神所立，決定靈驗。貴在行者至誠感通，若有疑慮，心不至誠，則所占結果不相當，則須調整心態，放下疑慮妄想，重新至心如法占察。不疲不厭，直至相當為止，此正是學習至心之過程。

不相當者，謂所得結果與自己主念之事風馬牛不相及，如欲占問「自己有病能否康復」，而得一百六十九相「曾值佛供養來」，顯然答非所問，故不相應，只因不至心故。只要至心，無不相當，例如「觀所患可療治」，或「觀所患難療治」，則與主念事相當，則必是地藏菩薩神力垂示，無論結果吉與不吉，皆須諦信，不可懷疑。

例如，一深圳居士欲到香港長住，且希望讓其二子在香港上學，求定弘幫忙占察。經云：「若有他人不能自占，而來求請欲使占者，應當籌量觀察自心，不貪世間，內意清淨，然後乃可如上歸敬修行供養，至心發願而為占察。不應貪求世間名利，如行師道，以自妨亂。若內心不清淨者，設令占察而不相當，但為虛謬耳。」定弘自省為他人占事決非希求名聞利養恭敬，純為解人憂惱，除人疑惑，於是為其占察，得第九十二相「有所求少得獲」。此居士便打消來港長住的念頭，後來打電話道謝說：

「幸好聽地藏菩薩的話，沒去香港，現二子皆已送入深圳最好的學校，比香港的學校還要好。」

按定弘粗淺經驗，以第三輪相占察現在世果報者相對容易相當，在稱千聲地藏菩薩名號時偶爾起妄想尚能奏效。而占察過去世和未來世果報則較難相當，若稱名時打一個比較明顯的妄想則不相當。從輪相數目多寡可以看出：第一至第一百六十相，明現在報；第一百六十一至第一百七十一相，僅十一數，明過去報；後十八數，即第一百七十二至第一百八十九相，明未來報。因此擲得過去報與未來報的可能性僅為現在報之十分之一，由此可知，行者亦須用十倍的專注至心來占察，才能感得相當之輪相。譬如有人學習天眼，要看到現世所發生之事相對容易，若要看過去世與未來世，則要求天眼功夫更高方得見到。依輪相法學習「至心」，亦復如是。此皆地藏菩薩善巧方便，以輪相法接引眾生，幫助眾生學習至心稱名，而達除疑滅障，增長善根之效。

（八）何故僅勸學戒、念佛二類人修懺？

問：如汝文中所引，蕅祖於《占察經懺法》之勸修篇中，勸十二類人，皆應受持修行占察懺法，汝何故僅勸學戒、念佛二類人修，而遺忘他類？

答曰：學戒、念佛二類人實則已通含蕅祖所云十二類人。何以言之？蕅祖曰「佛弟子欲修出世正法者，欲現在無諸障緣者，欲除滅五逆十惡無間重業者，欲求資生眾具皆得充饒者」，此四類佛弟子，皆識前生今世未能斷惡持戒，故感現前障深業重、資生艱難等種種苦報，乃至厭離娑婆，意欲出世，則唯憑持戒念佛修懺可得現世斷惡滅罪，離苦得樂，臨終正念分明，往生淨土。

次三類人，「欲令重難輕遮皆得消滅者，欲得優婆塞沙彌比丘清淨律儀者，欲得菩薩三聚淨戒者」，正是學戒之人，乃本文當機。

至於後五類人，「欲獲諸禪三昧者，欲獲無相智慧者，欲求現證三乘果位者，欲隨意往生淨佛國土者，欲悟無生法忍圓滿證入一實境界者」，於今末世唯憑信願念佛，求生淨土可得成就，何以故？修淨土者，仰仗佛力，雖已之定慧不足了生死，亦可帶業往生，一得往生，即證三不退，一生補處，圓滿證入無生法忍一實境界。而不求生淨土，專仗自力得定慧、證聖果、了生死、成佛道者，於此末法時代，億億人修行，罕一得道。故善導、永明、蓮池、蕅益、截流、印光諸祖，皆通宗通教、真佛知見，無不力勸佛弟子一心求生淨土，唯依念佛，得度生死。故今文以念佛人通指此五類修道人。

（九）今後可以清淨輪相取代戒壇否？

問：末世欲求沙彌、比丘、菩薩淨戒須以占察輪相之法求受，今以明矣。依經所云，則今後不必再舉行三壇大戒或菩薩戒傳授儀式了，只須個人於地藏像前，禮懺擲輪，以見清淨輪相為得戒憑證；甚至在家人欲出家者，亦不需請師剃度，只須自行剃髮，而得稱菩薩戒比丘、比丘尼否？

（此章問答，內容關於比丘戒法，未受具足戒者不宜閱。比丘、比丘尼有興趣者可上網瀏覽：www.amtb.hk及jie.foz.cn和www.lfftjy.com）

（十）比丘犯重戒可否更依輪相恢復清淨？

問：比丘戒有十三重難，其中若曾犯邊罪（曾受五戒、沙彌十戒、比丘戒者犯殺人、盜五錢、非梵行、大妄語），乃至破清淨僧、尼之梵行者，不得重受比丘戒，乃至五戒、八戒、沙彌戒、菩薩戒一切戒不得再受。若此人真誠悔過，禮占察懺，得清淨輪相，可得再受戒否？乃至比丘犯戒是否均可通過占察取相懺恢復清淨？

（此章問答，內容關於比丘戒法，未受具足戒者不宜閱。比丘、比丘尼有興趣者可上網瀏覽：www.amtb.hk及jie.foz.cn和www.lfftjy.com）

附：

一、占察輪相立體圖

初輪相十個，正面書十善，反書十惡，二旁空白，以其有現不現也。次輪三個，一個於角面書身，一書口，一書意，輪相一面正中粗長線表純善，反面傍刻粗長線表深惡。旁邊一面正中細短線表小善。一面傍刻細短線表小惡也。三輪六個，每個三面書數目字，空其一面，數字自一至十八，此占吉凶用者。

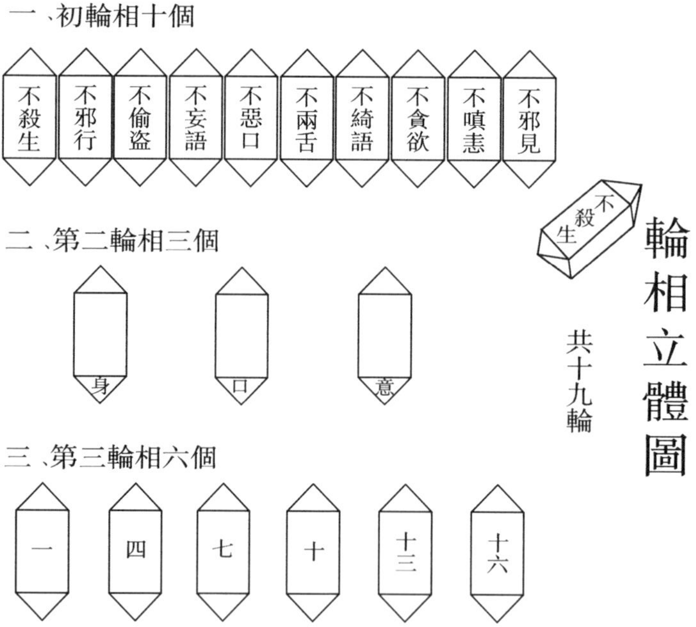

二、地藏占察木輪簡介

占察木輪一套共有十九枚，分為三組。木輪材質的選擇最好以上等香木，其大小約為一截小指頭，長短必須少於一寸，正中四面削平，其餘兩頭漸漸斜去，這樣子讓我們在淨布上仰手旁擲木輪的時候，可以自在轉動。

占察木輪之所以稱為「輪」，是指法輪常轉，摧碾消滅的意思，使用占察木輪可以去除我們的懷疑心和邪知邪見，趣向正道，到安隱處，無有憂惱。

在占察前，必須備妥「淨布」。所謂的「淨布」，是指乾淨的毛巾、手帕，最好是一塊綢布，主要的目的是讓我們在擲木輪的時候，可以使木輪圓滑轉動。

占察木輪共有十九枚，可以分為三組，其意義分述如下。

第一組木輪，共有十枚：表示宿世所作的十善業與十惡業。每個木輪各有四面，一面標示善，另一面標示惡，使其相對，另外兩面則是空白，表示非善非惡。

第二組木輪，共有三枚：「身」輪、「口」輪、「意」輪，可以顯示過去往昔所作業報的強弱大小，黑色長杆表示大惡，紅色短杆表示小善。

第三組木輪，共有六枚：每枚的三面是數字，一面是空白，連擲三次，把所占的數字合計，總共一百八十九種數字，是顯示過去（十一數）、現在（一百六十數）、未來（十八數）三世果報的一百八十九種即善惡差別之相，如果擲三次都是空白的，則顯示已證入空性的境界，了無所有。

三、地藏占察木輪簡要修持規則

凡是想要占察木輪，首先必須熟讀《占察善惡業報經》經文暨相關的注疏、講述，瞭解地藏菩薩開示占察木輪方便法門的大意，之後可以按照《占察相法》儀軌當中所規定的程序來擲占察木輪，否則的話，可能會因為我們在修持這項方便法門的時候不夠誠心，反而懷疑占察木輪的殊勝。

有關占察木輪的具體修持規則，可以分為二種情形，第一種是想求得純善的清淨相，經過每日拜《占察懺》，只占察第一組、第二組木輪，可以驗證是否清淨，這種方法簡單易行；第二種情形是為自己或他人的緣故，在生活中日常所遇到的疑慮，為了決疑而占察，可以只占察第三組木輪，以具體瞭解其中的三世果報。

想要占察木輪，首先應該按照《占察相法》的儀軌，準備修行場地、清淨的處所並且安置地藏菩薩的聖像，接著恭敬至誠地面對地藏菩薩聖像，舉行「禮拜」、「供養」、「稱名」、「乞請」等占察儀式，請詳閱蕅益大師所述之《占輪相法》。

第一種占察木輪法門的具體修持規則：只占察第一組、第二組木輪、求純善業報。

凡是想求得純善的業報，只需要依照《占察相法》的儀軌，先行「禮拜」、「供養」、「稱名」、「乞請」（如上所述）。

之後，依次先占察第一組木輪，顯示十善惡業報（身三、口四、意三）的果報，然後將木輪輕擲在淨布上，淨布應放平，並依由左至右的身、口、意順序排列，記錄第一組木輪所顯示出來的十善惡業果報。

其次是占察第二組木輪，要分別針對第一組木輪所呈現的善惡業報結果，依身三、口四、意三的順序逐一占擲第二組木輪。

不過，第二組木輪的大小、強弱結果必須與第一組的十善業、十惡業果報相應，例如第一組木輪顯示「不殺生」、「不偷盜」、「不邪淫」的善業，第二組的「身」字木輪卻顯示黑色長杆的大惡，如此即是不相應，必須重新占察，再拜再占，消除業障，一旦達到至心，就很容易相應了。

相應之後，就可以知道自己身口意十善惡業的輕重大小。

這個時候，我們要至心懺悔，發願拜《占察懺》，作為恒常的修行功課，希望能夠轉變我們的業障，由惡業導向善業。經過連續七日修習《占察懺》，我們可以直接占察第二組的木輪，檢察身口意善惡輕重大小的變化情形，希望能夠求得純善的清淨業報。

我們最好是選擇在清晨時分占察，此時只需要進行《占察相法》的儀軌當中的「乞請」儀軌（如上所述），之後就可以「身」、「口」、「意」三輪齊擲，必須連續占察三次都得到「身」、「口」、「意」三輪純善（無論大善小善）的輪相，才算是證得清淨相。

第二種占察木輪法門的具體修持規則：只占察第三組木輪、了解三世果報。

如果因為自己或他人的緣故，只占察第三組木輪，具體了解其中的三世果報，也必須依照《占察相法》的儀軌，如是「禮拜」、「供養」、「稱名」、「乞請」（如上所述）。

然後，取出第三組木輪，這組木輪共有六枚，每枚木輪，一面是空白，其餘三面是數字，分別書寫「一、二、三」，「四、五、六」，「七、八、九」，「十、十一、十二」，「十三、十四、十五」，「十六、十七、十八」。我們要連續占擲三次，依三次占擲所現的數字，加起來的總數，對照《占察善惡業報經》經文中所說的一百八十九種善惡業差別相（一至一百六十是顯示現世的果報，一百六十一至一百七十一是顯示過去世的果報，一百七十二至一百八十九是顯示未來世的果報，如果擲三次的結果都是空白，是指證入無所有的空智），就可以了解其間的吉凶與差異，如果經文所說的與所問的問題不相應，就要重新禮拜，重新占察。

校勘說明：

本書以《蕅益大師全集》（民國木刻本）第四冊《占察善惡業報經義疏》經文為底本，以《乾隆大藏經》和《大正新修大藏經》收錄的《占察善惡業報經》經文為參校本，校勘說明如下：

「全集」指《蕅益大師全集》第四冊《占察善惡業報經疏》（台灣佛教出版社影印出版）。

「龍藏」指清刻《乾隆大藏經》大乘單譯經第0460部《占察善惡業報經》二卷。

「大正藏」指日本《大正新修大藏經》第17冊No.0839《占察善惡業報經》。

上卷

〔一〕「繞」，全集、龍藏作「繞」，大正藏作「擾」，今作「繞」。（p2）

〔二〕「開化示導」，全集本作「開示化導」，大正藏、龍藏作「開化示導」，今作「開化示導」。（p3）

〔三〕「成」，全集、龍藏作「誠」，大正藏作「成」，蕅益大師疏云當作「成」，今作「成」。（p3）

〔四〕「說」，全集作「說」，大正藏、龍藏作「說」，今作「說」。（p5）

〔五〕「繞」，全集、龍藏作「繞」，大正藏作「擾」，今作「繞」。（p7）

〔六〕「所」，全集、龍藏無「所」，大正藏有「所」，今補「所」字。（p8）
〔七〕「常」，全集、龍藏作「常」，大正藏作「當」，今作「常」。（p11）
〔八〕「一一」，全集、龍藏作「一一」，大正藏作「一切」，今作「一一」。（p11）
〔九〕「次」，全集、龍藏作「以」，大正藏作「次」，今作「次」。（p11）
〔十〕「繞」，全集、龍藏作「繞」，大正藏作「擾」，今作「繞」。（p14）
〔十一〕「浴」，全集作「浴」，龍藏、大正藏作「沐」，今作「浴」。（p18）
〔十二〕大正藏「願」下有「我及」二字。（p19）
〔十三〕大正藏「得知」作「知得」。（p21）
〔十四〕「始從」，全集、龍藏作「從始」，今作「始從」。（p21）
〔十五〕「當應」，全集、龍藏作「應當」，今作「當應」。（p21）
〔十六〕「色」，全集無「色」字，龍藏、大正藏有「色」字，今補之。（p22）
〔十七〕「世」，全集作「時」，龍藏、大正藏作「世」，今作「世」。（p24）
〔十八〕「應」，全集、龍藏作「應」，大正藏作「殷」，今作「應」。（p27）
〔十九〕「書」，全集、龍藏無「書」，大正藏有「書」字，今補之。（p29）
〔二十〕「正法」，大正藏作「正信」。（p31）

〔二一〕「正」，全集作「真」，龍藏、大正藏作「正」，今作「正」。（p31）
〔二二〕「難」，全集作「難」，龍藏、大正藏作「礙」，今作「難」。（p35）
〔二三〕「難」，全集作「難」，龍藏、大正藏作「礙」，今作「難」。（p35）
〔二四〕「有損害」，大正藏作「有所損」。（p37）
〔二五〕「難」，全集作「難」，龍藏、大正藏作「亂」，今作「難」。（p37）
〔二六〕「住」，全集作「在」，龍藏、大正藏作「住」，今作「住」。（p40）
〔二七〕「又」，全集無「又」，龍藏、大正藏有「又」，今補之。（p41）

下卷

〔一〕「修」，全集、龍藏有「修」，大正藏無「修」。（p43）
〔二〕「無淨」，全集作「無淨」，龍藏、大正藏作「寂靜」，今作「無淨」。（p44）
〔三〕「內」，全集、龍藏作「內」，大正藏作「外」，今作「內」。（p48）
〔四〕「有所」，全集作「有所」，龍藏、大正藏作「所有」，今作「有所」。（p52）
〔五〕「永」，全集、大正藏作「永」，龍藏作「求」。今作「永」。（p55）
〔六〕「輕」，全集、大正藏作「輕」，龍藏作「轉」。今作「輕」。（p57）

〔七〕「惑」，大正藏無「惑」字。（p64）

〔八〕「嘗以巧便」，大正藏作「常以方便」。（p65）

〔九〕「陽光」，大正藏作「陽焰」。(p66)

〔十〕大正藏「體」下有「故」字。(p71)

〔十一〕「供養」，全集本無「供養」，龍藏、大正藏有「供養」，今補之。(p72)

〔十二〕「末世中」，大正藏作「未來世」。(p73)

〔十三〕「摩訶薩言」，全集本無「摩訶薩言」，龍藏、大正藏有「摩訶薩言」，今補之。(p73)

〔十四〕「大」，大正藏作「眾」。(p73)

隋　外國沙門　菩提燈　譯

古吴蕅益沙門　智旭　述

占察善惡業報經義疏

八十八叟淨空敬題

目録

《占察善惡業報經義疏暨行法》序言

自性清淨一實境界，佛及眾生，平等無別。眾生迷此，起惑造業，感得種種不如意報。由罪障故，於果報中，妄起疑惑，由疑惑故，不能覺了「萬法唯心，一念變現，念念生滅，剎那不住，而心性本體無生無滅，本不動搖」之宇宙真相。由不覺故，造無邊業，業因果報相續不斷，窮未來際，深陷苦輪，求出無期。

此《占察善惡業報經》，乃堅淨信菩薩代眾請法，釋迦慈父，特敕地藏大士，為我等末世障重凡夫，先示三種輪相，破除邪見疑網，轉向正道，至安穩處；復示懺悔行法，令我等求得清淨輪相，以為修習三昧智慧之基礎；次又廣明一實境界，以開圓解，示以唯心識觀與真如實觀二種觀道，以助圓行，斷疑滅罪，堅固淨信，三根普被，利鈍全收，直令行者證三不退，得大菩提而後已。故我淨宗九祖、清初蕅益大師盛讚此經曰：「此經誠末世救病神丹，不可不急流通。」大師一生，身體力行，弘揚此經不遺餘力，特為此經作《義疏》（含玄義）及述《占察行法》。

佛言「如此法門，甚為難值，能大利益」。定弘得此無上醍醐，親蒙勝益，愧無以報恩，惟不敢暫忘世尊昔日王舍城耆闍崛山中之殷切囑咐，「汝等各各應當受持此法門，隨所住處，廣令流布」，願效堅淨信菩薩「此法真要，我當受持，令末世中普皆得聞」。

適時北京慧劍居士發心印製流通此經及《義疏》、《行法》，欲廣利眾，問序於余。余義不容辭，不揣鄙陋，惟願與一切下根凡夫如定弘者，同沾法益，以信願持名為正行，以持戒修懺為助行，現世障消福來，臨終自在往生！是為序。

常慚愧學戒沙門釋定弘敬撰於癸巳年臘月三十

占察善惡業報經玄義

蕅益沙門古吳智旭述

夫三界惟心。心外無法。理具事造。實非兩重。但迷之則三障宛然。悟之則三德法爾。迷悟無性。隨俗假名。真實指歸。二而不二。不二而二。迷悟似分。迷既迷其所悟。悟即悟其所迷。此占察善惡業報經。乃指迷歸悟之要津也。占察者。能觀之智。善惡業報者。所觀之境。能觀無非一心三智。所觀無非一境三諦。消除疑障。堅固淨信。開示進趣方便。安慰令離怯弱。所以釋迦大聖。勸當機而專請。地藏慈尊。乘悲願而演說。事理雙明。淺深同益。可謂照昏衢之寶炬。救痼疾之神丹。雖復去聖時遙。何幸妙詮猶在。鑽仰既切。欲罷不能。蠡測管窺。用公同志。將疏經文。先明玄義。第一釋名。第二顯體。第三明宗。第四辨用。第五教相。

第一釋名者。經題七字。六別一通。別七例中。今單從法。占察二字。約能觀法。善惡業報四字。約所觀法。釋此能所二法。復有兩番。初略。次廣。初略釋者。占以瞻視為義。察以詳審為義。各有事理。事者。依於大士所示三種輪相。至誠擲視。名之為占。審諦觀其相應與否。名之為察。或自除疑。或除他疑。但當學習此法。不得隨逐世間卜筮法也。理者。依於大士所示一實境界。二種觀道。如實正向。名之為占。依於大士所示巧說深法。離相違過。諦審思惟。名之為察。由是自善進趣。令他亦善進趣。自離怯弱。令他亦離怯弱。是名理占察也。善惡者。十善十惡。依身口意而名為業。業秖是思。由善惡思。發身口意種種事業。意兼惑業。身口唯業。今以第一輪相。占視善惡多少。察其相應與否。復以第二輪相。占視業力強弱。亦須察其相應與否○又以第三輪相○占視三世果報○亦須察其相應與否○具如經文廣明○自身所有善惡業報○依此三種輪相而占察之○決了疑悔○為他亦然○故名占察善惡業報也○復次有善惡惑○有善惡業○有善惡業所感果報○惑業果三○皆是因緣所生○凡屬因緣生法○無不即空假中○今依一實境界○解了即空假中○名之為占○復依二種觀道○證悟即空假中名之為察○或依進趣方便○知其即空假中○啟迪正信○名之為占○復依巧説深法○悟其即空假中○永離怯弱○名之為察○故稱占察善惡業報也○初略釋竟○

次廣釋者○若依文便○應先釋占察○後釋善惡業報○然設無善惡業報○約何可論占察○今依此義○故先釋善惡業報○後釋占察也○先釋善惡業報復為二○初分釋○二合釋○初中三○初釋善惡○二釋業○三釋報○初釋善惡為四○初約事局釋○二約理通釋○三結屬十法界○四結成即空假中○初約事局釋者○性是清淨調良○能為此世他世順

益。名之為善。性是染汙粗戾。能為此世他世違損。名之為惡。即殺生。偷盜。邪淫。名身三惡。妄言。綺語。兩舌。惡罵。名口四惡。不貪欲。瞋恚。愚痴。名意三惡。不殺。不盜。不淫。名身三善。不妄。不綺。不離間。不粗獷。名口四善。不貪。不瞋。不痴。名意三善。故四十二章經云。如是十事。不順聖道。名十惡行。是惡若止。名十善行耳。又十善各論止行。不殺不盜等。名為止善。慈悲放生。周給布施。修習梵行。說誠實言。說利義語。和合諍訟。柔軟誘誨。常念喜捨。志存悲愍。了達事理。名為行善。故此經云。言十善者。則為一切眾善根本。能攝一切諸餘善法。言十惡者。亦為一切眾惡根本。能攝一切諸餘惡法也。初約事局釋竟。

二約理通釋者。先釋惡。次釋善。後明互融。先釋惡者。有事惡。有理惡。事惡如前說。理惡者。外道計斷計常。破壞因果。是殺俗諦。違背涅槃。不能證契。是殺真諦。見戒二取。心外著法。是偷盜。愛染見執及味禪等。是邪淫。實非出要。自言出要。是妄言。種種戲論。無真實義。是綺語。鬥亂出世間法。是兩舌。增長煩毒。是惡口。自謂真實。是貪。謂餘虛妄。是瞋。不知出要。是痴。聲聞緣覺永斷生因。是殺俗諦。不知佛性。是殺中諦。妄取涅槃。是盜。證偏真理不能捨離。是淫。未得一切解脫。自謂解脫。是妄言。譬如空拳揚葉。無真實義。是綺語。分離生死涅槃。無二法性以為定二。是兩舌。分別善惡有漏無漏等法。是惡口。著無為。是貪。厭有為。是瞋。不知平等法性。是痴。權教菩薩。入空時。殺俗諦。入假時。殺中諦。觀中時。雙殺二諦。誓取菩提。是盜。神通法愛。是淫。未證實相有所言說。是妄言。種種言說不契實義。是綺語。分別中邊。是兩舌。彈訶生死及二乘法。是惡口。似道法愛。是貪。捨離二邊。是瞋。未照圓中。是痴。釋惡竟。次釋善者。事善如前說。理善者。佛弟子離斷常見。深信因果。是不殺俗諦。達一切法無我無我所。亦無實性。不殺真諦。知一切法皆是佛法。皆是實相。第一義諦。法界。法住。法位。真如。實際。如來藏性。平等圓融不可思議。不殺中諦。了知心外無法可取。是不盜。無能無所。是不淫。四悉因緣如理詮說。是不妄。能令眾生得於四益。是不綺。隨順事理。是不鬥亂。悅可眾心。是不粗惡。離似道愛。是不貪。不違三諦。是不瞋。了達三諦。是不痴。次釋善竟。後明互融者。善惡名字。本無一定。故以名定義。萬無一得。以義定名。萬無一失。且如約事。則殺盜等為惡。不殺盜等為善。約理。則有漏事善事惡。總名為惡。無漏事理。乃名為善。又有漏善惡及偏真事理。總名為惡。入假事理。乃名為善。又有漏善惡及偏真事理。入假事理。總名為惡。入中事理。乃名為善。又但中事理。仍名為惡。圓中事理。乃名為善。是則事殺事盜等。唯得名惡。不得名善。圓中事理。唯得名善。不得名惡。若事不殺盜等乃至但中事理。亦得名善。亦得名惡。望前則皆名善。望後則皆名惡也。復有理惡。所謂癡無明父。害貪愛母。菩提無與者。然我取菩提。法喜為妻。空拳誘度。乃至大貪大瞋大痴法門。是則惟佛具足十惡。菩薩二乘。但有少分十惡。一切眾生。唯能具足十善。更無少惡也。二約理通釋竟。三結屬十法界者又為三。初明十界。二明四教。三明六即。初明十界者。地獄苦重。但具事理善惡種子。不起事理善惡現行。一分極苦鬼趣傍生亦爾。鬼畜二趣。亦具事理善惡種子。多起事惡現行。少起事善現行。未必能起理惡理善。慧力弱故。阿修羅趣。略同鬼畜。或得見佛聞法。能起理善。理善若起。如應攝入四聖界中。人趣有二。若在北洲雖具一切種子。但起事善。不起事惡。亦復不起理惡理善。就事善中。但有舊醫十善。不起三皈五戒八戒具戒諸善。以不聞佛法故。若在三洲。具能起於事理善惡。人中慧解極猛利故。若起理善。亦隨攝入四聖界中。天趣有四。一地居二天。謂四王。忉利。具起事理善惡。略與人同。但事善中。缺出家戒一事耳。二空居四天。謂夜摩。兜率。化樂。他化。不起殺盜邪淫三種事惡。猶有正淫未斷。亦容起後七種事惡。亦能起事十善。但不起出家戒。亦能起於理善理惡。若起理善。亦隨攝入四聖界中。三色界中。又分為二。一初禪天。猶有覺觀語言。容起口妄意貪。梵於釋子起諂誑故。不起其餘事惡。得起一切理善理惡。若起理善。亦隨攝入四聖界中。二禪以上。已離覺觀。不起身口事惡。但起當地貪痴。及起理善理惡。若起理善。屬四聖界也。四無色界。但有四蘊。無業果身。不起身口事善事惡。亦起當地貪痴。多起理惡。少起理善。一切菩薩不生彼故。聲聞緣覺。又分為三。一者見道。二者離欲。三者無學。初見道位。永斷十種分別事惡。亦斷外道殺俗殺真等理惡。而未能斷正淫及貪瞋痴任運事惡。亦復全起聲聞緣覺理惡。二離欲位。永斷欲界十種事惡。未斷色無色界任運貪痴事惡。三無學位。又分為二。一有餘依地。永斷三界事惡。全墮聲聞緣覺理惡。二無餘依地。

若據權論。即是永入涅槃。無復事理善惡若現若種。若據實論。即是出生界外方便土中。但斷界內事理善惡現種。仍復現行聲聞緣覺理惡。或能起於菩薩佛界理善理惡。若起菩薩佛界善惡。如應攝入菩薩佛界也。菩薩法界。復分為四。一三藏所明事六度菩薩。具足事理善惡種子。而弘誓力強。止觀力弱。但能永斷事惡現行。不能損害事惡種子。但能熾然修行事善。不能方便發起理善。於本教中。既不立修證地位。尅實論之。猶屬人天界耳。二通教菩薩。若在乾慧性地。略同三藏。若八人見地發真。則永斷凡外事理二惡。能起菩薩佛界事善及理善惡。三別教菩薩。十信位中。亦同三藏。十住已去。同前通教。或復勝之。可以意得。登地證道同圓。永斷九界事理二惡。唯起佛界事理二善及佛理惡。四圓教菩薩。亦名菩薩。亦名為佛。五品位中。圓伏九界事理二惡。圓起佛界事善。而佛界理善理惡。猶未現起。十信位中。任運先斷凡外事理二惡。亦斷聲聞緣覺理惡。相似起於佛界理善理惡。初住已去。圓斷九界事理二惡。分證佛界理善理惡也。佛界亦四。一藏教所明果佛。止能永斷六凡事理二惡種子。圓滿無漏事理二善。止能弒枝末無明父。害界內貪愛母。取一切智菩提。以真諦法喜為妻。說生生不可說法以誘嬰兒。不捨三界有為福慧為大貪。不取三界見思因果為大瞋。不分別三界諸法為大痴耳。二通教所明果佛。因雖先斷六凡事理二惡種子。至果滿時。還與藏佛同也。但兼能說生不生不可說法以誘嬰兒為小勝耳。三別教所明妙覺果佛。僅斷十二品無明惡。僅分證圓中事理二善。僅分證大貪大瞋等惡。不得名究竟也。四圓教所明妙覺果佛。一切事理二惡。斷無不盡。一切事理二善。修無不滿。又究竟弒無明父。究竟害貪愛母。究竟取大菩提。無有遺餘。究竟會合三諦法喜。無時暫捨。生生等四句皆不可說。而說四句。一切實。一切不實。一切亦實亦不實。一切非實非不實。誑誘十界嬰兒。不捨一切法。不取一切法。不分別一切法。是謂究竟善究竟惡也。初明十界竟。二明四教者。四教各論十界。而淺深通別有異。今應從淺辨深。束通從別。且如藏教。以凡外事理二惡為所治。以三乘四諦十二因緣六度為能治。凡外是六法界。四諦是聲聞界。十二因緣是緣覺界。六度是菩薩界。三祇因滿。得成正覺。即是佛界。而究其所詮。止是因緣生法一句。析法歸空。斷除我執。不知諸法當體即空。為化鈍根。施此小法。若約菩薩。不出六凡。若約證真。唯歸灰斷。束通從別。判是聲聞法也。次明通教。亦以凡外事理二惡為所治。以共般若無生理觀為能治。凡外是六法界。已辦地是聲聞界。辟支地是緣覺界。第九地即菩薩界。第十地即佛界。而究其所詮。止是即空一句。體法無性。斷界內我法二執。不知諸法假名無量。雖為大乘初門。當教亦歸灰斷。束通從別。判是緣覺法也。次明別教。以九界事理二惡為所治。以不共般若次第三觀為能治。十信位中。仰信中道。用藏教析空觀及六度事善。治凡外事理二惡。十住。

用通教體空觀及六度理善。斷凡外事理二惡。十行。用入假觀。治聲聞緣覺理惡。徧能通達十界病之與藥。十向。習中道觀。治菩薩理惡。十地。斷九界理惡。證佛界理善。而究其所詮。止是假名一句。緣理斷九。不知諸法當體即中。雖云證道同圓。當教談理不融。束通從別。判是菩薩法也。次明圓教。以十界事理二惡為所治。即以十界事理二善為能治。亦得云以十界理善為所治。以十界理惡為能治。亦得云十界善惡皆是所治。十界善惡皆即能治。何以故。三千在理。同名無明。能治性外。無別所治。如水成冰故。三千果成。咸稱常樂。所治性別。無外能治。如冰還成水故。雖無能所。而能所宛然。以一心三觀。圓治一切事惡理惡。圓顯一切理善理惡。始從五品。終至妙覺。所斷所顯。略如前說。而究其所詮。明一切法皆是佛法。因緣即中。心佛眾生。三無差別。說無分別法。隨佛自意語。束通從別。判是佛界法也。二明四教竟。三明六即者。圓教既明眾生即佛。性德平等。若不了之。易起僭慢。故須以六位揀修。修雖分六。性恒平等。故六而常即。可祛退怯。性雖平等。修有逆順。故即而常六。可除上慢也。理即惟逆。究竟惟順。名字以去。望前名順。望後名逆。又逆性則順無明。順性則逆無明。故逆名為惡。亦可名善。順名為善。亦可名惡也。初理即者。且如舉一善字。即具十界由其順無明父。孝貪愛母。不敢盜取菩提。乖離法喜妻妾。不作佛法口業。不貪事理二善。不瞋見思煩惱。分明起惑造業。則為三塗法界。乃至不殺中諦。不取自心。不著似愛。不說不了義法。不貪權善。不瞋二邊。了達三諦。則為佛界。又如舉一惡字。亦具十界。由其殺生偷盜等十惡滿足。則墮三塗法界。由其雖不起事惡。而有迷真理惡。則墮人天法界。雖無事惡及迷真惡。而有迷俗理惡。則墮二乘法界。雖無事惡及迷真迷俗理惡。而有迷中理惡。則墮菩薩法界。雖無事惡迷三諦惡。而具足弒無明父等惡。則墮佛界。是知善惡二名。各具十界。就一一界。無不即空假中。而六凡生盲。日用不知。二乘眇目。妄生取捨。菩薩隔羅謂在障外。故從地獄至別十向。終日在理。不得理用。皆名為理即佛。亦名理即十界。亦名理即善惡也。二名字即者。若聞圓頓妙詮。能解一切善惡。但有名字。一切十界。亦但名字。一一名字。即空假中。一名字中。通達一切名字。一切名字。通達秖一名字。非一非一切。而一切而一。故為名字即佛。亦為名字即十界。亦為名字即善惡也。三觀行即者。依所解義而起如理作意。審諦思惟十界善惡。一一無非三德秘藏。故能圓伏五住。雖有煩惱。如無煩惱。雖有肉眼。名為佛眼。此是觀行即佛。亦名觀行即十界。觀行即善惡也。四相似即者。由圓觀力。相似斷事理惡。生事理善。如鑽木火。暖相先現。如消堅冰。漸令潤濕。故名相似即佛。亦名相似即十界。相似即善惡也。五分證即者。由圓觀力。分破十界善惡上之三惑。分顯十界善惡上之三德。如木出火。還燒於木。如冰成水。還泮餘冰。故名分證即佛。亦名分證即十界。亦名分證即善惡也。六究竟即者。圓道滿足。惑無不破。德無不顯。如火出木盡。如冰盡水澄。故名究竟即佛。亦名究竟即十界。究竟即善惡。以十界善惡。本具三諦三德之理。至此方得畢顯現故。非別有法可證可得。但全證得眾生所迷本理而已。故云圓滿菩提歸無所得也。三結屬十法界竟。四結成即空假中者。上來所明事理善惡。該羅十界。徧攝四教。統括六即。則若理若事。若因若果。能詮所詮。性修藥病。秖約善惡二字。收無不盡。是故若知善惡即空假中。則知一切諸法無不即空假中。圓融妙理。觸處洞然。復為三意。一約豎結。二約橫結。三約一念非橫非豎總結。一約豎結者。事善事惡及凡夫理惡。屬六凡法界。為藏教所治。墮理即位中者。名世俗諦。所謂因緣所生法也。無漏事善。證真理善。屬二乘法界。約藏通二教能治法門。揀之則為圓教理即。收之則同圓教相似即者。名為真諦。所謂我說即是空也。入假事理二善。屬菩薩法界。約別教教道。揀之亦為理即。收之亦同相似者。名世出世如幻俗諦。所謂亦名為假名也。入中事理二善。及中道理惡。屬佛法界。約圓教圓詮。始從名字。終訖究竟者。名為第一義諦。所謂亦名中道義也。二約橫結者。四教所詮十界事理善惡。一一無非因緣生法。一一無不即空假中。何以言之。秪一法性。法爾具足十界善惡諸法種子。名之為因。隨於迷悟染淨等緣。造成十界善惡諸法差別。既此十界善惡。皆是因緣所生。則自他共離四句簡責。定皆無性。無性故空。空則無性不礙緣生。一即一切。互攝互具。故名為假。無性緣生。緣生無性。法法罔非全體法性。法性之外。更無他物。泯絕內外空有對待。故名為中也。三約一念非橫非豎總結者。上約豎結。則三諦分屬十界。次約橫結。則十界各有三諦。豎則為別。橫則為並。並別橫豎。那顯至理。今明秪依現前一念而辨善惡。秪依一念事理善惡而分十界。秪依十界而明四教。秪依四教而辨六即。一念理無先後。那得名豎名別。一念體無彼此。那得名橫名並。念體絕待。強名為中。一中則一切中。若橫若豎。無不即中。中體離一切相。強名為空。一空則一切空。若橫若豎。無不即空。中體具一切法。強名為假。一假則一切假。若橫若豎。無不即假。經云。眾生心體。從本以來。不生不滅。自性清淨。無障無礙。猶如虛空。離分別故。此明一念心即中也。又云。平等普偏。無所不至。圓滿十方。究竟一相。無二無別。不變不異。無增無減。此明一念心即空也。又云。以一切眾生心。一切聲聞辟支佛心。一切菩薩心。一切諸佛心。皆同不生不滅。無染寂靜。真如相故。此明一念心即假也。又云。若無覺知能分別者。則無十方三世一切境界差別之相。此明一空一切空也。又云。以一切法皆不能自有。但依妄心分別故有。此明一假一切假也。又云。當知一切諸法。悉名為心。以義體不異。為心所攝故。此明一中一切中也。是故若能了達現前一念心法。則能偏達善惡十界四教六即皆非橫豎。亦能偏照善惡十界四教六即若橫若豎。可以意知。不可言盡也。初釋善惡竟。二釋業亦為四。初釋義。二辨類。三結屬十法界。四結成即空假中。初釋義者。業名事業。亦名所作。亦名為動。亦名構造。若約小乘。則但在意地。不得業名。動身發口。乃名為業。若約大乘。則一念甫動。便有業意。經云。眾生於日夜中。念念造出種種五陰世間。國土世間。假名世間。此之謂也。二辨類者。一惡業。二善業。又一有漏業。二無漏業。又四種分別。一有漏業。二無漏業。三亦有漏亦無漏業。四非有漏非無漏業。一惡業者。謂五逆。十惡。慳嫉。毀禁。散亂。惡慧。諸邪見業。二善業者。謂施戒禪慧等業。又有漏業者。謂十惡能招非福果報。十善能招福樂果報。四禪四定能招不動果報。無漏業者。出世聖人所修聖道。不感三界異熟果報。唯證清淨離繫妙果。又無漏有二。一者無為無漏。即所證真如。不名為業。二者有為無漏。即能證福智。福名助道。智名正道。福德智慧。皆名為業也。四種分別者。凡外善不善及不動業。名為有漏。二乘出生死業。名為無漏。菩〔一〕薩度眾生業。不取涅槃。名亦有漏。不染生死。名亦無漏。諸佛稱性妙業。不同凡夫。名非有漏。不同二乘。名非無漏。或俗諦相應業。名有漏。真諦相應業。名無漏。中諦相應業。約雙遮。名非漏無漏。約雙照。名亦漏無漏也。攝四入二者。若約界內教意。則有漏但攝有漏。無漏具攝後三。若約界外教意。則有漏具攝前三。無漏但攝第四。若約別接通意。則有漏及雙亦句。總名有漏。無漏及雙非句。總名無漏也。更以善惡展轉攝者。或十惡為惡。十善為善。或散皆為惡。定乃為善。或有漏皆惡。無漏為善。或有漏無漏皆惡。雙照為善。或雙照仍名為惡。雙遮泯同實相為善。或雙遮不即諸法為惡。雙照無非實相為善。或一切皆名為惡。一切皆名為善。具如上文所明。又此諸善惡業。總分四類。一順現受。二順生受。三順後受。四不定受。由其作時心有強軟。境有高下。及由已潤未潤。已懺未懺。種種不同。故成四別也。二辨類竟。三結屬十法界者亦為三。初明十界。二明四教。三明六即。初明十界者。不論名善名惡名漏無漏乃至非漏非無漏業。但令念念之間。計著我人。專為名利。益己損他。不思反復。身口意業。純隨妄習。不信三寶。毀諸事戒。錯悮因果。殺害所尊。是名地獄業道。束為上〔二〕品十惡。若念念之間。計著我人。專恣情欲。不知慚愧。盲無所曉。痴暗昏愚。多諸怨結。是名畜生業道。束為中品十惡。若念念之間。計著我人。慳貪嫉妬。不知植福。但積罪根。是名餓鬼業道。束為下品十惡。若念念之間。存諂誑心。無質直意。外施仁義。內計我人。種種所作。情存勝負。是名修羅業道。束為下品十善。若念念之間。畏我墮苦。節制五欲。秉心歸戒。希求後有。是名人趣業道。束為中品十善。若念念之間。願我未來恒受勝樂。廣作眾福。制止諸罪。乃至攝散入禪。訶色入空。是名天趣業道。束為上品十善。若念念之間。觀察三界苦。空。無常。無我。依四念處。深信緣起。永斷希求後有之心。唯志寂滅無為之樂。是名二乘業道。束為無漏上品十善。若念念之間。緣於苦集二諦而起大悲。緣於道滅二諦而起大慈。深觀我法二空。愍物昏迷。種種方便。令其覺悟。徧十方界。無有分劑。盡未來時。無有疲厭。不求恩報。不圖名稱。不冀他知。不見能所。是名菩薩業道。束為亦漏無漏上品十善。若念念之間。觀於諸法實相。即權而實。理事平等。即實而權。千如差別。寂而常用。萬行雲興。用而常寂。一際無際。不作一想。不作一切想。而能了知一即一切。一切即一。微塵剎土。不隔毫端。十世古今。不離當念。身徧十方。而無合散。智入三世。而無往來。是名佛界業道。束為非漏非無漏上上品十善。亦名真中無漏上上品十善也。二明四教者。六凡善惡。雖各三品。由有虛妄我執。同名有漏。皆為藏教所治。二乘無漏十善。若析知無我。則屬藏教。若體知無我。則屬通教。菩薩亦漏無漏十善。若緣生滅四諦而起慈悲。則屬藏教。名為有漏。若緣無生四諦而起慈悲。則屬通教。名為無漏。若緣無量四諦而起慈悲。則屬別教。名為亦漏無漏。若緣無作四諦而起慈悲。則屬圓教。約雙遮論。名為非漏無漏。約雙照論。亦可名為亦漏無漏也。佛界非漏無漏上上品十善者。正屬圓教。以此圓解歷一切法。令前三教乃至上品十惡。亦成非漏無漏上上品善。如一切草木。無不具火。一切堅冰。無不即水。故約義定名。則偏名非漏非無漏善。亦名真中無漏妙善。若欲隨名立義。則既可名上上品善。亦可名上上品惡。如所云弒無明父等。又既可云無漏。亦可云有漏。以念念流出諸功德海。無已時故。既可云非漏無漏。亦可云亦漏無漏。以雙照漏與無漏。一切法趣漏趣無漏故。

三明六即者。既依圓實稱性而談。一切諸法。無非佛法。上自佛界。下極泥犁。所有業性。罔非實相。狂慧不察。濫聖招尤。如闇中觸寶。傷身失命。故須約修辨六。免墮重愆。雖復六位始終歷然。於業理性仍無增減。故名為即也。理即業性者。秖是究竟業性。楞伽經云。如來藏是善不善因。能偏興造一切趣生。但迷者不自知耳。知此業性。為名字即。觀此業性。圓伏五住。為觀行即。粗垢先落。六根清淨。為相似即。於此業性開發真明。為分證即。窮此業性罄無不盡。為究竟即也。三結屬十界竟。四結成即空假中者。亦為三意。一約豎結。二約橫結。三約一念非橫非豎總結。一約豎結者。六界業道。因緣所生。結成世諦。二乘業道。因緣即空。結成真諦。菩薩業道。假名無量。結成俗諦。佛界業道。深達罪福實相。結成中諦也。二約橫結者。十界業道。一一無非因緣所生。一一無不即空假中也。三約一念結者。秖就現前一念。分別十界業道。那得名豎。十界業道。唯一念心。那得名橫。不橫不豎。橫豎歷然。統一法性。不可思議。無非法性。故即中。不橫不豎。故即空。橫豎歷然。重重無盡。故即假也。二釋業竟。三釋報亦為四。初釋義。二辨類。三結屬十界。四結成即空假中。初釋義者。報是果報。對因名果。酬業名報。則果即是報。又約習因所感。名為習果。約報因所感。名為報果。則果屬了種。報屬緣種。又報義有二。一約引業所感。名為總報。二約滿業所感。名為別報。總報名為真異熟果。屬第八識。別報名為異熟生果。屬前六識一分。無覆無記。唯受苦樂。不起業者。當知總別二種。皆名果報。就此酬因所感果報心心所法。見分屬心。酬於習因。屬了因種。別名為果。相分屬色。酬於報因。屬緣因種。別名為報。故法華云。如是果如是報也。又見分即如是性。相分即如是相。二分所依內自證分。即如是體。舉體成用。用無別體。故名不縱橫不並別也。二辨類者。十惡所招三塗果報。一向是苦。鬼畜二類。或有微樂。修羅人道。苦樂相兼。天道唯樂。又約五受分別。無間唯有苦受捨受。一分極苦鬼畜亦爾。有間得兼憂受。或有微喜微樂。鬼畜修羅人及欲天。並具五受。天與修羅戰時。有憂苦故。然北洲人不計我所。無憂苦受。初禪出離憂根。二禪出離苦根。三禪出離喜根。唯有樂捨。四禪出離樂根。自此直至有頂。唯有捨受。此五皆是有漏受也。二乘寂滅為樂。出離五受。以無所受。名為正受。亦名為無漏受。菩薩不受二乘正受。出假神通以為法樂。名為亦漏亦無漏受。示受生死。故名亦漏。不染生死過患。故名亦無漏也。諸佛不受一切諸受。以無所受。恒受中道稱性法樂。名為非漏非無漏受。不同四榮。故非漏。不同四枯。故非無漏也。攝四入二。例如前說。又不論五受漏與無漏四句分別。總以苦樂二字判之。收無不盡。當知苦樂。惟是自心分別。實無心外法也。何者。阿鼻極苦。舉世共知。若住不可思議解脫菩薩。大悲游戲。代眾生苦。則以為樂。故調達善知識云。此中如第三禪。豈實作逆罪者能得爾耶。夫蛆蟲處廁。宛轉出沒。亦自謂樂。蠅向臭飛。蛾爭赴火。狗噉糞穢。皆自謂樂。自人視之。不勝其苦。人間粗弊五塵。昏迷沉醉。諸天視之。猶如糞廁。欲天五塵。

展轉勝妙。色界視之。不啻鴆毒。梵天身相。光明炳然。空界厭之。謂如癰毒。四空寂定。自謂精微。羅漢視之。名為痴暗。聲聞三昧。無漏無為。菩薩訶之。名為敗種。大士神通。往來自在。諸佛視之。如童子戲。故知九界眾生。皆是以苦為樂。所處愈下。所樂愈劣。自上視下。知彼所樂當體是苦。惟佛苦樂情盡。證苦法界及樂法界。惟一實相。無苦無樂。乃名大樂耳。今姑就九界情謂。則各以順適身心。名為樂報。違損身心。名為苦報。此苦樂報。各從自類善惡業所招也。二辨類竟。三結屬十界。亦復為三。初明十界。二明四教。三明六即。初明十界者。地獄法界所有罪報。純從上品十惡業招。摧粗惡色心為體。重者在大地下。輕者在諸黑闇山間。惟苦無樂。畜生法界罪報。中品十惡業招。餓鬼法界罪報。下品十惡業招。並以弊陋色心為體。於中各有苦樂別報。三品九類不同。則是酬於滿業。名異熟生。事非一概。不可具述。住通山間人世水陸空界。修羅法界。報居大海。受用似天為樂。三時刀仗為苦。人道法界。報在四洲。暫時五欲為樂。生老病死為苦。天道法界有三。一者欲界。二者色界。三無色界。欲界六天。一四天王天。或上品十善為因。或一日一夜八關戒齋等為因。或終身三歸精持一不殺戒為因。報得殊勝色心。居在須彌山腹。二忉利天。或上品十善為因。或一日一夜八戒等為因。或終身三歸精持不殺不盜二戒為因。報得殊勝色心。居在須彌山頂。此二皆以五欲自在為樂。修羅戰鬥及五衰相現為苦。三夜摩天。此云時分。或上品十善兼習坐禪為因。或一日一夜八戒等為因。或終身三歸精持三戒為因。報得殊勝色心。離忉利天八萬由旬。於虛空中有地如雲。朗然安住。不假日月。身有光明。華開為晝。華合為夜。四兜率天。此云知足。或上品十善兼得細住為因。或一日一夜八戒等為因。或終身三歸精持四戒為因。報得殊勝色心。離夜摩天十六萬由旬。有地如雲。空中安住。五化樂天。或上品十善兼得欲界禪定為因。或一日一夜八戒為因。報得殊勝色心。離兜率天三十二萬由旬。有地如雲。空中安住。六他化自在天。或上品十善兼得未到地定為因。或一日一夜八戒等為因。報得殊勝色心。離化樂天六十四萬由旬。有地如雲。空中安住。此四亦皆以五欲自在展轉殊勝為樂。五衰相現為苦。色界共十八天。分為四禪。初禪三天。一梵眾。二梵輔。三大梵。同以根本初禪五支功德為因。或以純孝為因。或以深重慚愧為因。或以深重慈心為因。或以和合已破僧伽為因。報得清淨色心。離他化天一百二十八萬由旬。有地如雲。空中安住。壽命盡一大劫。或亦有中天者。離憂清淨為樂。死時退墮為苦。二禪三天。一少光。二無量光。三光音。同以根本二禪四支功德為因。報得清淨色心。離初禪天二百五十六萬由旬。有地如雲。空中安住。壽命盡八大劫。或亦有中天者。離苦清淨為樂。死時退墮為苦。三禪三天。一少淨。二無量淨。三徧淨。同以根本三禪五支功德為因。報得清淨色心。離二禪天五百一十二萬由旬。有地如雲。空中安住。壽命六十四劫。或亦有中夭者。離喜妙樂為樂。死時退墮為苦。四禪九天又分三類。一是凡夫。二是外道。三是不還聖者。凡夫三天。一福生。二福愛。三廣果。同以根本四禪四支功德為因。報得寂靜不動色心。離三禪天一千二十四萬由旬。隨身宮殿。在虛空中朗然安住。並無如雲之地。故亦名無雲天。壽命五百大劫。或亦有中夭者。捨念清淨為樂。死時退墮為苦。外道一天。所謂無想。即以無想定而為因。報得寂靜不動色心。生半劫後。前六轉識悉皆不行。唯第七第八兩識。相依俱轉。第八能持色身久住。壽五百劫。或有中夭。死時決定退墮為苦。不還五天。一無煩。二無熱。三善見。四善現。五色究竟。同以無漏夾熏四禪。資於故業為因。報得寂靜不動色心。四禪凡夫所不能見。壽或千劫。乃至萬劫。永無退墮為樂。未離三界為苦。無色界共有四天。一空處天。即以空定為因。壽二萬劫。二識處天。即以識定為因。壽四萬劫。三無所有處天。即以無所有定為因。壽六萬劫。四非想非非想處天。即以非想非非想定為因。壽八萬劫。滅色存心。但有微細受想行識。亦有中天。同以出離色籠為樂。死時退墮為苦也。聲聞法界。有四向四果。初果以生空無漏智種為因。聞思修慧熏習為緣。發得生空無分別智。頓斷三界分別惑種。親證一分生空所顯真如。名為擇滅無為。是離繫果。其身仍在人中天上。當知此人天身。猶是有漏故業餘報。非無漏報也。二果以重慮緣真為因。漸斷欲界任運惑種九品之六。親證六品擇滅無為。其身亦在人中天上。亦是有漏故業招報。三果亦以重慮緣真為因。斷盡欲界餘三品惑。又證三品擇滅無為。其身亦在人中天上。亦是有漏故業招報。若捨欲界身已。報在初禪。仍是有漏故業招報。若斷初禪惑已。報在二禪。若斷二禪惑已。報在三禪。若斷三禪惑已。報在四禪五不還天。若斷四禪惑已。報在空處。若斷空處惑已。報在識處。若斷識處惑已。報在無所有處。若斷無所有處惑已。報在非非想處。齊此名為阿那含果。皆是有漏故業招報。非無漏業報也。不論在人在天。若能進斷非非想處九品思惑。名羅漢名羅漢向。若已斷盡非非想思。通證修道八十一品擇滅無為。名羅漢果。爾時名住有餘涅槃。其身仍在人中天上。此身亦是有漏故業餘報。若人天身任運滅位。不復更受三界生身。爾時名住無餘涅槃。若依權教。則永無報果。若依實說。則三界外有淨土。聲聞緣覺自謂入涅槃者。出生其中。受法性身。非分段生。當知即是方便有餘國土。亦名三種意生身也。總論苦樂者。初果以永閉三惡道門為樂。未斷欲愛為苦。二果以欲習漸薄為樂。未離欲繫為苦。三果四向。以永不退還為樂。未離色無色繫為苦。四果在有餘位。以永斷子縛為樂。未盡果縛為苦。在無依位。依權教說。則永無苦樂。依實教說。則超出三界為樂。沈空滯寂為苦也。緣覺法界。不立分果。而有二類。一是緣覺種性。四生百劫種福修因。無漏根熟。人中得道。若遇佛世。入聲聞數。亦名緣覺。遇無佛世。名獨覺佛也。二是聲聞初果第七生盡。受人間身。遇無佛世。亦名獨覺也。有餘無餘二種苦樂。並同聲聞中說。菩薩法界。須約四教分別。若三藏教菩薩。總未斷惑但以四弘六度上上十善為因。感得人天殊勝色心妙報。不生三惡及無色界諸難處中。若通教菩薩。乾慧性地。報同三藏菩薩。八人見地薄地。報同初果二果。離欲地。報同三果。已辦地去。或智增上者。還同四果獨覺有餘無餘論報苦樂。但彼生方便土。亦不沈空滯寂。秖是未證中道法性。未免變易生死為苦耳。或悲增上者。扶習潤生。還來三界。示同六道果報苦樂。而非實是有漏苦樂。以其非業牽故。若別教菩薩。十信位中。亦同三藏菩薩。初住至第六住。亦同初二三果。七住已去乃至十向。亦約智悲分別登初地時。分證中道法身。恒居實報無障礙土。亦名分證常寂光土。乃至等覺。皆以中道果報為樂。無明變易未盡為苦。分形散影。徧諸世界六趣四生。及徧方便有餘土中。示同六凡二聖種種苦樂。皆非實苦樂也。若圓教菩薩。五品位中。雖受人天報身。已能解了苦樂實性。即空假中。初信至六信。報或同於初二三果。而解永異。七信至十信。或在方便。報同通教智增。而解永異。或在同居。報同通教悲增。而解亦永異也。登初住時。分證如來一身無量身。恒居實報莊嚴淨土。亦名分證寂光淨土。乃至等覺。分形散影。徧下三土。示同九界苦樂。皆非實苦樂也。佛法界者。約教有四。藏教果佛。必是別地圓住化身。或是妙覺示現。假說生身是有漏報。乃是示同阿羅漢耳。通教佛地示居色究竟天。亦非三界實分段身。必是別地圓住化現。別教妙覺。坐蓮華藏世界。亦是大機隨力所見。秪是他受用報。托自受用而為本質。諸大菩薩。各自變為相分而自緣耳。圓教妙覺。性德究竟圓顯。名為清淨法身。所依法性。名為上上品常寂光淨土。修德究竟滿足。名為圓滿報身。所依報境。名為上上品實報莊嚴淨土。性修不二。依正不二。不二而二。說有法報依正差別之名。此是最勝無上報也。初明十界竟。二明四教者。六凡法界有漏諸苦樂報。但為四教所治。並非四教所攝。而是因緣生法。得為藏教俗諦所詮。亦得通為四教所觀之境。方便土中無漏苦樂之報。即是四教九人所感。謂藏教四果。辟支。通教已辦。辟支。菩薩。別教三賢。圓教十信也。實報無障礙土。即是別教十地等妙。圓教十住十行十向十地等覺所感。雖亦分證寂光。以理從事。總名實報。或約次第一心證入而分淨穢。乃依教道假分別也。常寂光土。即是圓教妙覺所證。雖亦圓證上品實報。以事從理。總名寂光。或約分證究竟而分淨穢。乃依別圓二種果頭而分別耳。又藏教明六道果報。是實有苦諦。苦若滅者。則證真空。不說四聖亦有報也。通教明六道果報。是幻有苦諦。若達幻空。則無生死。亦不說有四聖報也。別教明六道果報。是分段生死。三乘果報。是變易生死。皆名苦諦。永斷二死。證真中道。所證名為真如涅槃。能證名為四智菩提。大圓鏡智相應心品。能現自受用身及土。能持圓滿無漏種子。盡未來際。利樂有情。此則説有四聖果報。圓教明十界報法。一苦一切苦。而苦即法界。則一滅一切滅。乃是非報非不報而論十界報也。二明四教竟。三明六即者。既依圓實稱性而談。則十法界苦樂諸報。一一無非實相法界。即空假中。誠恐狂惑無知。執穢為淨。安其陋習。不求出離。譬如指冰即水。不求融泮。水還是冰。那可飲用。故以六義而揀逆順。如冰雖以濕為性。而恒違濕性。確爾堅凝。理即位中。亦復如是。十界妙報。不識不知。昧為苦諦。一苦一切苦也。名字位中。順修之始。了知十界報法。唯是一心。譬如堅冰。其實是水。終不棄冰而別求水。是為初識十界報法之名字也。觀行位中。依名觀察。了知十界報法。一一即空假中。圓伏三惑。如手執冰。知其潤濕也。相似位中。深觀十界報法。深信即空假中。如冰近暖。漸捨堅相也。分證位中。十界報法三諦理體。分分現前。如暖消冰。分分融泮。分分可飲用也。究竟位中。十界報法三諦妙理。無不圓顯。如冰已盡。唯是一水。盡可飲用也。所以三千果成。咸稱常樂。廁屋實成香殿。糞穢實成妙饌。惡聲實成歌讚。毒藥實成甘露。刀箭實成華纓。乃至我若向刀山。刀山自摧折。我若向火湯。火湯自消滅等。並是分證究竟位中真實受用。不過還證眾生所迷報法之理體耳。豈藉作意神通力哉。三結屬十界竟。四結成即空假中。亦為三意。一約豎結。二約橫結。三約一念非橫非豎總結。一約豎結者。六凡有漏諸苦樂報。及有學無學諸餘殘報。並同居土中新悟無生法忍菩薩所有生身。亦是有漏故餘殘報。並屬因緣生法一句。世俗諦攝。所以諸阿羅漢之十八界。唯後三界名為無漏。前十五界皆有漏也。依此亦說藏頭果佛。及十地諸大菩薩。與羅漢同也。兩教聲聞緣覺。入涅槃界。出生方便土中受變易身。並通菩薩。別三十心。圓十信心。生方便土。所受變易方蘊十八界等。並屬即空一句。真諦所攝。故稱無漏。別地圓住。捨分段身。於實報土受果報身。及悲願力。於十方界種種同居方便兩土之中。現十界像。徧同苦樂。而非實苦實樂。乃至佛後得智。應現實報方便同居三土。徧示十〔三〕法界像。並屬即假一句。妙俗諦攝。故名亦漏亦無漏也。圓教妙覺。究竟圓證常寂光土三德秘藏微妙法身。及別十地。圓十住等。分證三德寂光身土。並屬即中一句。中道第一義諦所攝。故名非漏非無漏也。二約橫結者。不論有漏無漏。苦之與樂若實若權。但是十界所有依正二報。一一無非因緣所生。或是因緣所顯。亦得名為因緣所生。既是因緣生法。則必法爾即空假中。更無一色一心而不即空假中者也。更細釋者。同居依正二報。是界內因緣所生。有為有漏。乃苦無常無我不淨之相。然此苦等諸相。無不即空假中。方便依正二報。非分段生。是界內因緣所顯。無為無漏。乃苦無常無我不淨之性。然此苦等諸性。亦無不即空假中。實報依正二報。是界外因緣所生有為無漏。乃常樂我淨之相。然此常等之相。亦無不即空假中。寂光依正二報。是界外因緣所顯。無為無漏。乃常樂我淨之性。然此常等之性。亦無不即空假中。以體實故。名之為中。以離一切相故。復名為空。以即一切法故。復名不空也。若以寂光無為無漏。望彼方便無為無漏。則方便仍是有為有漏而已。三約一念結者。既秖就一念而辨善惡。秖就一念而辨諸業。則十界依正二報。亦何出於現前一念。一念本無前後。那得名豎。一念本無二體。那得名橫。深觀一念所具十界。依正非橫非豎。則能雙照橫之與豎了了分明。而一一橫豎。即非橫豎。何者。十界報法。唯是一念。則非橫非豎。一空一切空。不思議真諦也。一念具十界報。則非橫而橫。一念造十界報。則非豎而豎。一假一切假。不思議俗諦也。離一念外。別無所具所造十界報法可得。離十界報法外。別無能具能造一念可得。唯是實相。唯是法性。心佛眾生。三無差別。非豎非不豎。非橫非不橫。離名絕相。亦無名相而可離絕。不思議中諦也。三釋報竟。上來初分釋善惡業報竟。二合釋者。復分為六。初約十如釋。二約十二因緣釋。三約四諦釋。四約二諦釋。五約三諦釋。六約一諦釋。初約十如釋者。善惡即如是性。性以不改為義。善是調良清淨為性。不可改而為惡。惡是粗戾染汙為性。不可改而為善。十界各有種性也。業即如是相。舉意動身發語有所表現。十界事業。覽而可別也。性之與相。同依色心。色心即如是體也。此善惡業。各有力能。各有構造。即十界如是力如是作也。善惡約性。即十界如是因也。業既約相。即十界如是緣也。報指十界色心依正。即如是果如是報也。性相為本。果報為末。一空一切空。始終無性。故為空等。一假一切假。始終相在。覩本即能知末。覩末即能識本。故為假等。一中一切中。始終理同。所謂實相實性乃至實果實報。故為中等。語不頓彰。故空假中次第分別。實不縱橫並別也。法華經云。唯佛與佛。乃能究盡諸法實相。所謂諸法如是相等。此經云。欲向大乘者。應當先知最初所行根本之業。所謂依止一實境界以修信解。一實境界。即是諸法實相。故得約十如釋也。二約十二因緣者。復有四意。一思議生滅因緣。二思議不生滅因緣。三不思議生滅因緣。四不思議不生滅因緣。今六凡善惡業報。是思議因緣生相。藏教二乘善惡業報。是思議因緣滅相。又六凡善惡業報即空。是思議因緣不生相。通教三乘善惡業報。是思議因緣不滅相。又九界善惡業報。是不思議因緣生相。佛界善惡業報。是不思議因緣滅相。又十界善惡業報無不即空假中。是不思議因緣不生滅相。何者。善惡秖是無明愛取三支。業秖是行有二支。報秖是識名色六入觸受生老死七支。惑即般若了因佛性。業即解脫緣因佛性。苦即法身正因佛性。十二因緣名為佛性。故不思議不生滅也。三約四諦。復有四意。一生滅四諦。二無生滅四諦。三無量四諦。四無作四諦。今六凡有漏善惡業。是生滅集諦。六凡有漏依正報。是生滅苦諦。二乘無漏善業及菩薩有漏善業。是生滅道諦。二乘及三藏佛子果縛盡。不受後有。

是生滅滅諦。又六凡有漏善惡業即空。是無生滅集諦。六凡有漏依正報即空。是無生滅苦諦。此體空智及諸善業。是無生滅道諦。乃至涅槃亦如夢幻。是無生滅滅諦。又十界有漏無漏諸善惡業。是無量集諦。十界分段變易諸依正報。是無量苦諦。三止三觀十波羅密五行萬行亦漏無漏一切善業。是無量道諦。斷十重障。證十真如。是無量滅諦。又十界善惡諸業不離一念。是無作集諦。十界依正諸報不離一念。是無作苦諦。達此一念心具心造。是無作道諦。諸法本來常寂滅相。不復更滅。是無作滅諦也。四約二諦。復有七意。一藏教二諦。實有為俗。實有滅為真。二通教二諦。幻有為俗。幻有即空為真。三通含別二諦。幻有為俗。幻有即空不空為真。四通含圓二諦。幻有為俗。幻有即空不空一切法趣空不空為真。五別教二諦。幻有幻有即空皆名為俗。不有不空為真。六別含圓二諦。幻有幻有即空皆名為俗。不有不空一切法趣不有不空為真。七圓教二諦。幻有幻有即空不有不空皆名為俗。一切法趣有趣空趣不有不空為真。今約藏教。則六凡有漏善惡業報。是實有俗諦。此實有滅。無復三界善惡業報。乃會真諦。若依通教。則六凡有漏善惡業報。是幻有俗諦。此既如幻。即不可得空。名為真諦。又六凡有漏善惡業報。是幻有俗諦。此俗即真。依於真諦。得論四聖無漏善業果報。非復但空。即是通含別也。又六凡有漏善惡業報。是幻有俗諦。此俗即真。此真即是中道不空之體。具一切法。是為通含圓也。若依別教。則六凡有漏善惡業報。四聖無漏善業果報。俱是俗諦。中道理性。非凡非聖。為凡聖依。非漏無漏。為迷悟依。乃名真諦。又十界善惡業報。俱是俗諦。中道理性雖非凡聖及漏無漏。而具一切凡聖漏無漏法。名為真諦。是為別含圓也。若依圓教。則六凡之有。二乘之空。菩薩佛之不有不空。十界百界千如施設。俱是俗諦。秖此俗諦之中。隨拈一法。無非法界。約有。則一切法趣有。百界千如之有。即六凡有。六凡善惡業報之有。

即百界千如之有。亦即百界千如之空。亦即百界千如之不有不空。約空則一切法趣空。百界千如之空。即二乘空。二乘灰斷之空。即百界千如之空。則一切法趣不有不空。亦即百界千如之有。亦即百界千如之不有不空。約不有不空。菩薩佛中道善惡業報之不有不空。百界千如之不有不空。即菩薩佛之不有不空。即百界千如之不有不空。亦即百界千如之有。亦即百界千如之空。宛轉相即。無二無別。不二而二。說有二諦。二而不二。惟是一心。心外無法。千如宛然。千如體真。罔非實相。理具事造。無盡重重。雖互徧融。亦無所在。是為不思議二諦也。五約三諦。復有五意。一別入通三諦者。約通含別二諦。幻有為俗。幻有即空不空為真。今分此真諦以為兩諦。空即是真。不空即中諦也。二圓入通三諦者。約通含圓二諦。幻有為俗。幻有即空不空。一切法趣空不空為真。今亦分此真諦以為兩諦。一切趣空。是真。一切趣不空。是中也。三別三諦者。約別二諦。幻有幻有即空皆名為俗。不有不空為真。今分彼俗諦以為兩諦。幻有是俗。幻有即空是真。指彼真諦以為中道。不有不空是中諦也。四圓入別三諦者。亦約別含圓二諦。幻有幻有即空皆名為俗。今仍分作真俗兩諦。一切法趣不有不空為真。今指此圓真以為圓中也。五圓三諦者。六凡之俗。亦復即空假中。具一切法。二乘之真。亦復即空假中。具一切法。菩薩佛之中道。亦復即空假中。具一切法。三諦圓融。不可思議。即一而三。即三而一。非一非三。而三而一也。若別入通三諦。則六凡幻有善惡業報。是俗諦。幻有即空。是真諦。此空不空。本非煩惱生死。亦非菩提涅槃。而為煩惱菩提生死涅槃作所依持。不斷不常。不空不有。是為中諦。若圓入通三諦。二諦同前。此空不空具一切法。是為中諦也。若別三諦者。六凡有漏善惡業報。是俗。四聖無漏唯善業報。是真。所依真如理性。非有非空。非漏無漏。是中諦也。若圓入別三諦者。二諦同前。理性具足一切諸法。與前中異也。

若圓三諦者。橫豎自在。豎則六凡善惡業報之俗。亦空假中。二乘善惡業報之真。亦空假中。菩薩佛善惡業報之中。亦空假中。橫則十界俱空。名為真諦。此真即俗即中。十界俱假。名為俗諦。此俗即中即真。十界俱非空假。名為中諦。此中即真即俗。秖是非橫非豎說橫豎耳。六約一諦者。大經云。所言二諦。其實是一。方便說二。如醉未吐。見日月轉。謂有轉日及不轉日。醒人但見不轉。不見於轉。如是十界善惡業報。皆由無明醉未吐故。妄見法性隨緣流轉。別立隨緣不變以為真如。若佛眼觀。無非實相。實相之外。更無餘法。故此經名一實境界。即指十界善惡業報。當體唯一實諦。即是常住妙明不動周圓妙真如性。性真常中。求於去來迷悟生死了無所得。然隨情說。則藏教以事外偏真為一實。通教以即事而真為一實。別教以真如不動為一實。惟圓教以法法無非中道為一實也。又既不見轉。豈更對轉而說不轉。若立不轉。便是與轉為二。若作二解。便同醉人。是故諸諦皆不可說。言語道斷故。若通作不可說者。生生不可說。則六凡善惡業報不可說也。生不生不可說。則二乘善惡業報不可說也。不生生不可說。則菩薩善惡業報不可說也。不生不生不可說。則佛界善惡業報不可說也。上來先釋善惡業報竟。後廣釋占察者。善惡業報。至理玄微。非智莫顯。故須占察。約智占察。略有二十差別。一。世智。二。五停心。四念處。外凡智。三。暖頂忍世第一內凡智。四。四果無漏智。五。支佛無漏智。六。六度菩薩緣事智。七。三藏佛果一切智。八。體法聲聞智。九。體法支佛智。十。體法菩薩入真方便智。十一。體法菩薩出假智。十二。通教佛地智。十三。別十信外凡智。十四。別住行向三十心內凡智。十五。別十地中道智。十六。別妙覺佛一切種智。十七。圓教五品外凡智。十八。圓教十信內凡智。十九。圓初住至等覺分證智。二十。圓妙覺佛究竟智。世智者。心行理外。邪計妄執。不能占察善惡報。不可信用。故此經云。不應棄捨如是之法。而返隨逐世間卜筮種種占相吉凶等事。貪著樂習。若樂習者。深障聖道也。二五停四念外凡智者。有定故言停。有慧故言觀。觀能翻邪。定能制亂。數息觀治散心。不淨觀治貪心。慈悲觀治瞋心。因緣觀治邪見心。念佛觀治障道罪。故名五停心觀也。觀身不淨。觀受是苦。觀心無常。觀法無我。是觀苦諦上四智治於四倒。由此四觀。令四倒不起。初翻四倒。未入聖理。故言外凡智也。此智能治六凡惡業。而於業報因緣。未能如實了知。猶須依三輪相以自決疑。三內凡智者。緣四諦境。得相似解。能伏煩惱。譬如鑽火。暖相先現。無漏智火所發前相。名為暖位。得色界定。諦解分明。如登山頂。四望皆見。名為頂位。若能親近善友。聞隨順法。內心正觀。信佛。信法。信僧。信諦。即住頂。若不如是。即頂退。爾時設有疑悔。亦須依輪占察。若入下忍。正觀欲界四諦。色無色界四諦。次入中忍。唯觀欲界苦諦。深生厭患。次入上忍。生世第一。則能無間發真。於聲聞乘決定不退。不須輪相占察。若欲為人占察。未必有宿命天眼及他心智。仍須輪相也。四四果無漏智者。初果八忍八智斷見惑。永不復起三塗業報。亦不復招北洲無想黃門二根盲聾瘖瘂等報。二果三果重慮緣真。永斷欲界善有漏報。四果永斷三界業報。自無所占。若欲為他占察。或依神通道眼。或借輪相以決凡愚。亦無不可。五支佛無漏智。出無佛世。未必用此輪相。但用神通化他。但能齊三界內。齊爾所劫。知彼善惡業報差別。而不能知界外及無量劫前後諸事。復不能知六道善惡業報即空。況知即假中耶。六六度菩薩緣事智者。自發四弘。已得決定。不須占察。初僧祇中。未獲五通。若欲為人。宜用輪相。二僧祇後。五通自在。不須輪相。能決眾疑。亦止能知六道因緣生滅相耳。七三藏佛果一切智者。本是別地圓住化現。故能偏知三界內外曠劫前後一切業報因緣。不用輪相。而不說是即空假中。八體法聲聞智者。已具六通。能知六道善惡業報。亦知即空。九體法支佛智者。已侵習氣。小勝聲聞。十體法菩薩入真方便智者。正達三界善惡業報一一即真。十一體法菩薩出假智者。正能分別六道三乘病之與藥。善決六道一切疑網。十二通佛智者。亦是別地圓住化現。故能偏知一切善惡業報。不用輪相。而說即空。不說即假即中。十三別十信外凡智者。信有果頭真如實相。為求此理。起十信心。自無疑網。為他占察。須依輪相。十四別三十心內凡智者。十住正習入空。傍習假中。十行正習假。傍習中。十迴向正習中。具足五通。自無疑悔。能決他疑。偏知十界善惡業報。而不能知一一即中。十五別十地中道智者。既證實相。雙照二邊。任運寂而常照。初地一念照百世界。二地一念照千世界等。展轉增勝。不可言盡。十六別妙覺智者。坐華藏界。應法界機。妙觀察智。橫豎偏照。下地不能測其邊際。十七圓五品智者。具縛凡夫。能知如來秘密之藏。雖有肉眼。不為佛眼。自無疑網。不須輪相。為他決疑。亦須用之。又自行種種三昧。亦可依輪取決。如永明大師。已悟圓宗。仍作坐禪萬善二鬮。當知拈鬮一法。出圓覺經。與今輪相。及灌頂神策經。同名正法。不比世間卜筮也。十八圓十信內凡智者。六根清淨。任運能決大千疑網。鑒十界機。無有錯謬。十九圓四十一分證智者。初住妙智。如初生月。光明已自徧照無餘。況復漸增至十四夜。二十圓妙覺佛究竟智者。譬如十五夜月。體相俱圓。法界洞明。橫豎無餘。豎則觀彼久遠。猶若今日。盡未來事。授記不謬。橫則恒沙界外一滴之雨。尚知頭數。松直棘曲。鵠白烏玄。皆了元由。以要言之。大圓鏡智。無不頓印。平等性智。無不普入。妙觀察智。洞了因緣。成所作智。一時普應。無分別。非不分別。無次第。非不次第。乃至十地所有智慧。比如來智。猶如閻浮提土。比大千土。不可思測。不可形容。是為究竟占察智也。今地藏大士。或是圓等覺智。或是圓妙覺智。本高迹下。不可測知。由與此土悲重緣深。是故釋迦大聖。令堅淨信請說此法。能令博地凡夫。依此頓除疑網。而又廣明一實境界。詳示二種觀道。以為進趣方便。又復巧說深法。安慰群迷。真實相應。無相違過。則使名字初心。偏能占察十界善惡業報若事若理。罄無不盡。法門之妙。何以加此。又復應知。善惡業報。即是境妙。占察。即是智妙。以智契境而修二觀。即是行妙。成就信忍順忍及無生忍。即是位妙。信滿法故作佛。解滿法故作佛。證滿法故作佛。一切功德行滿足故作佛。亦是位妙及三法妙。始終同住三德秘藏圓滿法故。自住三德。寂而常照。有感必赴。即感應妙。又教眾生修行懺悔。觀察法身以為能感。若能至心。所占則吉。所求皆獲。乃至能入一行三昧。見佛無數。皆感應妙。我於爾時。隨所應度而為現身。或示神通種種變化。或復令彼自憶宿命。即神通妙。或復隨其所樂。為說種種深要之法。乃至巧說深法。令離怯弱。即說法妙。眾生聞法。除疑生信。即眷屬妙。能獲深大利益。漸次作佛。即功德利益妙。若識迹妙。本妙非遙。故佛歎云。此善男子。發心已來。過無量無邊不可思議阿僧祇劫。久已能度薩婆若海。功德滿足。但依本願自在力故。權巧現化。影應十方。即是發迹顯本意也。觀心十妙者。現前一念。具足十界善惡業報。即境妙。以圓三慧而占察之。即智妙。依此一實境界而修二觀。即行妙。信此自心。順此自心。了此自心本自無生。即三忍位妙。始終不離自心秘藏。即三法妙。境智和合。即感應妙。智能轉境。即神通妙。一念轉教餘心心所。即說法妙。餘心心所隨觀而轉。即眷屬妙。始從名字。訖至究竟。即功德利益妙也。地藏大士。及釋迦尊。由觀心故。久成十妙。迹用廣遠。我今觀心出此十妙。亦當盡未來際迹用無窮。即觀心本妙也。釋別名竟。次通名者。梵語修多羅。或修妬路。或修單蘭。或素怛纜。秖是梵音輕重。有云無翻。含五義故。亦云有翻。一翻為經。二翻為契。三翻法本。四翻為線。五翻善語教。含五翻五。各具教行理三。具如法華玄義。玆不復述。今但約一題以明通別。占察是教。善惡業是行。報乃無記色心。是理。又占即是教。察即是行。善惡業報為所占察。即是理。以對經字。任運有通別意也。釋名竟。

第二顯體者。體是主質。乃名下之所詮。經若無體。則邪倒無印。同於魔說。故須顯一部之指歸。明眾義之都會。然此妙體。非但會之至難。亦乃說之不易。經云。如來法身。非空非不空。乃至無一切相。不可依言說示。法華云。是法不可示。言辭相寂滅。大經云。不生不生不可說。又云。有因緣故。亦可得說。此經亦云。而據世諦幻化因緣假名法中。相待相對。則可方便顯示而說。今略開七條。一正顯經體。二簡偽濫。三一法異名。四入體之門。五偏為眾經體。六偏為諸行體。七偏為一切法體。一正顯經體者。即是一實境界也。一切百界千如境界。皆依一實虛妄顯現。而彼境界別無自體。惟以一實為體。故名一實境界。當知一實即諸法之實。如冰水之濕性。境界即諸法之權。如濕性之冰水。冰水雖別。濕性無二。境界雖別。一實無殊。故以一實境界為經正體。猶法華所云諸法實相也。法華開權顯實故收諸法之權。而歸實相之實。此經以實統權。故舉一實之實。而攝境界之權。於十界中。唯取佛界所照善惡業報之性。此性不生不滅。圓滿常住。離一切相。即一切法。於十如中。取如是體。四因緣中。取不思議不生不滅。十二支中。取苦即法身。四四諦中。但取無作。於無作中。唯取滅諦。七二諦中。取後五真諦。五三諦中。皆取中諦。諸一實諦中。取圓一實諦。諸不可說中。取不生不生不可說。於二十智中。取圓佛智。於三忍中。取無生忍。於四佛中。取功德行滿佛。於三德中。取法身德。是故經云。應當先知最初所行根本之業。所謂依止一實境界以修信解。若無一實境界以為依止。如屋無空。無所容受。故釋論云。若以無此空。一切無所依。為是義故。須顯體也。二簡偽濫者。此一實境界。不同凡外所計世間諸法。不同邪禪所計空劫前事。向上一著。父母未生前面目。威音王那畔又那畔。不同小乘所證偏真。不同別教所明清淨真如。亦非但依圓詮名字可得分別。惟依二種觀道。能得色寂心寂二種三昧。復入一行三昧。乃住堅信。決定信解耳。三一法異名者。或名法界。法住。法位。法性。真如。實際。本際。實相。如來藏性。菴摩羅識。唯識性。自性清淨心。本源心地。正因佛性。菩提。涅槃。不可思議解脫。自覺聖智境界。無戲論。無顛倒。圓成實性。無漏界。清淨法身。大圓鏡智。中實理心。一切種智。不共般若。正偏知海。大佛頂。大方廣。圓覺。妙覺。究竟覺等。皆是一實境界異名。但可意知。不可言盡也。四入體之門者。一實境界。其理淵奧。如登絕壑。必假飛梯。欲契真源。要因教行。故以教行為門。若以教為門。教略有四。於一一教。各以四門詮理。共有十六教門。依一一門而修於觀。復有十六行門。於教得悟。名為信行。於觀得悟。名為法行。或教行相轉。或教行相資。

玆不備論。藏教四門通於一實。遠而且拙。須待開顯。通教四門通於一實。巧而仍遠。亦須轉接。別教四門通於一實。雖近而拙。圓教四門正通一實。方為巧直也。前三教各四門相。玆亦不論。略明圓教四門相者。一門即一切門。一切門即一門。非一非四。而論四一。如經云。如來法身中。雖復無有言說境界。離心想念。非空非不空。乃至無一切相。不可依言說示。亦可方便顯示而說。以彼法身性。實無分別。離自相。離他相。無空。無不空。乃至遠離一切諸相故。說彼法體為畢竟空無所有。以離心分別想念。則盡。無一相而能自見自知為有。是故空義決定真實相應不謬。此即圓教空門相。空即餘三。不相違背也。又云。即彼空義中。以離分別妄想心念故。則盡畢竟無有一相而可空者。以唯有真實故。即為不空。所謂離識想故。無有一切虛偽之相。畢竟常恒不變不異。以更無一相可壞可滅。離增減故。又彼無分別實體之處。從無始世來。具無量功德自然之業。成就相應。不離不脫故。說為不空。此即圓教有門相。有即餘三。不相違背也。又云。如是實體功德之聚。一切眾生雖復有之。但為無明曀覆障故。而不知見。不能尅獲功德利益。與無莫異。說名未有。此即圓教亦有亦空門相。與餘三門不相違也。又云。一切諸法皆不離菩提體。菩提體者。非有非無。乃至若有分別想者。則為虛偽。不名相應。此即圓教非有非空門相。與餘三門不相違也。略示法行入門觀者。如前所說四種門相。即是不思議境。上根觀境。即能悟入。如或未悟。則應依境重發大菩提心。如此妙境。佛及眾生與我平等。云何諸佛已悟。我與眾生尚迷不覺。不得受用。哀傷哽慟而立四弘。便可悟入。如猶未悟。勤修學習信奢摩他觀心及信毗婆舍那觀心。則能豁然悟入。如猶未悟。仍以唯心識觀破一切法即空假中。真如實觀不住見聞覺知。永離一切分別之想。則當悟入。如猶未悟。當自節節簡校通塞。依彼大士巧說深法而離怯弱。定可悟入。如猶未悟。勤修二觀。觀於身受心法。令知色心本寂。即是圓四念處。從此調適正勤。如意。根。力。覺。道而入圓三脫門。即是中根入道相也。如猶未悟。應於一切時一切處。常勤誦念地藏菩薩名字。當觀地藏法身。及一切諸佛法身。與己自身。體性平等。無二無別。不生不滅。常樂我淨。功德圓滿。是可歸依。又復觀察己身心相。無常苦無我不淨。如幻如化。是可厭離。乃至上卷所示修懺悔法。皆是對治助開之方便也。又經云。若人未得三業善相或見光明。聞異好香。夢佛菩薩放光作證。則為虛妄誑惑詐偽。及說三忍四佛差別之相。皆令行人明識次位。不生增上慢也。又於虛妄誑惑詐偽之相令勿取著。即是安忍。不樂世間諸禪三昧。亦復不樂二乘。即離法愛也。細簡經文。十乘意足。雖不次第。幸可證明。當知離十乘法。別無入門觀矣。五徧為眾經體者。此一實境界。乃千經萬論之所同詮。華嚴非此。則無以顯事事無礙法界。阿含非此。則無以顯寂滅涅槃。方等非此。則無以顯大乘法門。般若非此。則無以顯一切種智。法華非此。則無以顯一乘實相佛之知見。涅槃非此。則無以顯常住佛性三德秘藏。是故一代時教。若半若滿。若權若實。究竟皆以一實境界為體。究竟皆是指歸一實境界而已。六徧為諸行體者。復有三意。一泛論四教一十六門。各有信法兩行。皆依一實境界而得成就。二別論依經立行。不出四種。所謂常行三昧。常坐三昧。半行半坐三昧。非行非坐三昧也。亦依一實境界以為其體。可以意知。三尅論今經又二。初先明懺法。供養禮拜悔罪勸請隨喜迴向之後。或端坐稱名。或旋繞誦念。則是非行非坐隨自意三昧所攝。二別明二觀。於一切時一切處。隨身口意有所作業。悉當觀察知唯是心等。則是歷十二緣。並可修行二觀。亦不拘行坐也。二種觀道。正依一實境界以修信解。離此別無行體。不言可知。修供養時。即念一切三寶體常徧滿無所不在。願令以此香華等同法性。普熏一切諸佛剎土。施作佛事。乃至願共一切眾生修行如是供養已。漸得成就六波羅蜜。四無量心。深知一切法。本來寂靜。無生無滅。一味平等。離念清淨。畢竟圓滿。豈非依一實境界而修供養行耶。又一心敬禮。擬心偏禮。設非依一實境界。何名一心。何能偏禮耶。又懺悔云。如是罪性。但從虛妄顛倒心起。無有定實而可得者。本唯空寂。願一切眾生速達心本。永滅罪根。乃至願我所修一切功德。資益一切諸眾生等。同趣佛智至涅槃城。豈非依一實境界而修五悔諸勝行耶。又第三輪相云。如此諸數。皆從一數而起。以一為本。如是數相者。顯示一切眾生六根之聚。皆從如來藏自性清淨心一實境界而起。依一實境界。以之為本。豈非依一實境界而示三種輪相法耶。若不能知一實境界。則諸行皆悉徒施。是故經云。若雜亂垢心。雖復稱誦我之名字。而不名為聞。以不能生決定信解。但獲世間善報。不得廣大深妙利益。如是雜亂垢心。隨其所修一切諸善。皆不能得深大利益。當知未解一實境界。皆名雜亂垢心。若能解知一實境界。則惟是一實。無別境界。故無雜亂。自性清淨。故無垢也。從名字無雜亂垢。乃至究竟無雜亂垢。皆依一實境界而有進趣。是故偏為諸行體也。七偏為一切法體者。經云。依一實境界故。有彼無明。不了一法界。謬念思惟。現妄境界。乃至生起六根六塵六識。起違順等十八種受。又云。以一切法皆不能自有。但依妄心分別故有。又云。當知一切諸法。悉名為心。以義體不異。為心所攝故。又云。一切法畢竟無體。本來常空。實不生滅。如是等文。皆明一實境界偏為一切法體。當知若所占察十界善惡業報。若能占察二十智品差別。一一皆以一實境界為體。離此一實境界。別無分毫能所可得。能所皆是一實境界。本非能所。不必掃除能所。方名無能所也。以能所本不可得。無可掃故。譬如捏目。妄見二月。二月本無。不可更滅。但有一月真耳。此體即是諸法之實。可尊可貴。此體窮盡諸法性相。無不徹底。此體偏能通達諸法。無有障礙。是故若識經體。則識一切教體。一切行體。一切法體。即識一切教行法之宗用。以法身必具般若解脱故也。二顯體竟。

第三明宗者。前雖顯體。但是理性。理性平等。含生共有。雖復指冰即水。不復他求。欲得飲用。仍須融泮。又如雖有虛空。必須梁柱綱紀一屋。方得受用。此空若無棟宇。終被風日雨露所侵。一切眾生。枉於法性空中受諸苦惱。亦復如是。故顯體之後。即須明宗。宗者。修行之綱領。會體之急務也。提綱則眾目齊張。挈領則襟袖畢至。如湯消冰。法性之水斯現。如棟成屋。秘藏之室可居。今經以二種觀道為宗。一者唯心識觀。二者真如實觀。唯心識觀者。知唯妄念。無實境界。念亦生滅。無暫時住。從是當得色寂三昧。真如實觀者。思惟心性無生無滅。不住見聞覺知。永離一切分別之想。展轉能入心寂三昧。夫一實境界。非色非心。無明不了。妄成二法。猶如揑目。妄見二月。依於妄心。分別妄色。由於妄色。顯示妄心。故心與色為增上緣。色亦與心為所緣緣。若知色惟心現。心外無色。是為唯心識觀。能得色寂三昧。色寂則心亦寂矣。若知心但有名。本無生滅。是為真如實觀。能得心寂三昧。心寂則色亦寂矣。若知色心本寂。則是觀行即佛。從此習信奢摩他〔四〕觀心。及信毗婆舍那觀心。止觀雙運。能入一行三昧。見佛無數。發深廣行心。住堅信位。則是相似即佛。乃至成就無生忍者。則是分證即佛。若除一切諸障。無明夢盡。則是究竟即佛。是知始從名字。終至究竟。唯依一實境界而修二觀。唯依二觀而證一實境界。可謂一乘因果。圓頓妙宗矣。三明宗竟。

第四辨用者。此經以滅罪除疑而為力用。由迷一實境界。起惑造業。感得劣報。由罪障故。妄於報法而起疑惑。由疑惑故。不能依於二種觀道而滅幻罪。今為末世鈍根。先示三種輪相。破壞眾生邪見疑網。轉向正道。到安隱處。復示修行懺悔方法。令其求得清淨輪相。以為修習諸禪智慧之基。次又廣明一實境界。以開圓解。正示二種觀道。以勖圓行。開解則疑無不除。勖行則罪無不滅。所以三忍可階。四佛可作也。又復善安慰說。令離怯弱。真實相應。離相違過。能令纖疑畢盡。進趣可期。可謂徹底慈悲。勝妙方便。救度末法沉淪。令堅大乘淨信。是此經之大力用也。四辨用竟〔五〕。

第五教相者。此是大乘方等教攝。引接三根。令歸一實。兼令無志求出要者。亦能脫諸衰惱。生於善處。蓋是無法不備。無機不收。所謂亦攝漸機一切群品。而正意則唯在圓頓也。教相竟。

占察善惡業報經疏卷上

隋外國沙門菩提燈譯
古吳蕅益沙門智旭述

經文為三。從如是我聞。至是故我今令彼說之。是序段。從爾時堅淨信菩薩既解佛意。至下卷及供養地藏菩薩摩訶薩。是正說段。從爾時佛告諸大眾。至信受奉行。是流通段。

（甲）序段為二。初證信序。二發起序（乙）今初

如是我聞。一時婆伽婆一切智人。在王舍城耆闍崛山中。以神通力。示廣博嚴淨無礙道場。與無量無邊諸大眾俱。演說甚深根聚法門。

如是者。指所聞法體。謂如於一實境界之是。無錯謬也。我者。

阿難分證法身般若解脫常樂我淨之德。得八自在。非我非無我。隨世假名而稱我也。聞者。阿難了達根性聲性識性。皆是一實境界。能所圓融。非聞非不聞而言聞也。一時者。圓感圓應。始終不出現前一念也。婆伽婆一切智人者。究竟圓證一實境界大覺世尊。由一切眾生同分善根所感。各於心中所現之教主也。梵語婆伽婆。亦云薄伽梵。具六義故不翻。乃總眾德至尚之名。謂如來永不繫屬諸煩惱故。具自在義。猛焰智火所燒錬故。具熾盛義。妙三十二大丈夫相八十種好所莊飾故。具端嚴義。一切殊勝功德圓滿無不聞故。具名稱義。一切世間親近供養咸稱讚故。具吉祥義。自利滿足。常起方便。利益安樂一切有情無懈廢故。具尊貴義。圓滿一切種智薩婆若果。於一實境界若權若實。究盡明了。無有不知。無有不見。故名一切智人也。王舍城耆闍崛山者。王舍。梵稱羅閱祇伽羅。中天竺境。阿闍世王所都。耆闍崛。此翻靈鷲。離王舍城東北有三四里。此城此山。乃同居土一切眾生共相識種所變器界。即是各各自第八識之相分境。更互為增上緣。更互為質為影。和合似一。而實各得其全以為依報。無雜無障礙也。一切智人亦在其中者。大慈悲力。應可化機。不離常寂光土。而垂凡聖同居穢土之相。秖此穢土。若在眾生分中。則是有漏相分。若在諸佛分中。則是無漏相分也。以神通力示廣博嚴淨無礙道場者。秖此靈山。本是唯心所現。以心為體。心外無山。心廣博故。山亦廣博。心嚴淨故。山亦嚴淨。心無礙故。山亦無礙。廣博是性量。量同虛空。離一切相故。是般若德。嚴淨是性具。具無邊德。即一切法故。是解脫德。無礙是性體。體融遮照。非空非有。不礙空有故。是法身德。法身即常。解脫即寂。般若即光。蓋本是常寂光土。性德妙境。眾生迷之而為同居穢土。於佛恒是廣博嚴淨無礙道場。修德滿足。恒自受用稱性法樂。亦名上品實報淨土。無示不示。今為一類眾生。堪能返迷歸悟。佛以神通之力。加被令見。則是不離同居。橫覩他受用土。

故名示也。神者。天然不測之體。即法身德。通者。照了無滯之慧。即般若德。力者。轉變自在之能。即解脱德。由諸佛心內眾生修德有功。故能感於眾生心內之佛。為示妙境。由眾生心內之佛性德圓證。故能應於諸佛心內眾生令見道場。秖此道場。若在諸佛分中。則是無漏相分。若在眾生分中。則是有漏相分也。是故同居穢土。眾生本質恒是有漏。佛托眾生有漏本質所變相分。恒是無漏。同能變識是無漏故。無礙道場。諸佛本質恒是無漏。眾生托佛無漏本質所變相分。恒是有漏。同能變識是有漏故。離卻佛及眾生之心。則有漏無漏若質若影皆不可得。故云。一切唯心。惟是一實境界也。與無量無邊諸大眾俱者。同聞眾也。此諸大眾。若已證同生性者。則與諸佛分同無漏。若猶在異生性者。則與眾生同屬有漏。應取圓住別地已上名同生性。若圓十信。別三賢。通八人以上。藏四果辟支。望偏真理。得名同生。望此一實。仍名為異生也。演説甚深根聚法門者。指所已説。

梵文未來。據後文云六根聚修多羅。應如央掘經所明具足無減修。亦如普賢觀經所明淨六根法也。蓋迷一實境界。幻成六根。隨一一根。一切諸法無不趣之。眼為法界。具足出生十界百界千如三千性相無欠無餘。耳鼻舌身意。亦復如是。故名根聚。秖此根聚。全攬一實境界而成。即復圓具一實境界全體大用。故名甚深。秖此甚深根聚。能生物解。任持自性。故名為法。即法能通。復名為門。由演此法。誠恐末世鈍根不能信解。橫於一實境界而起疑悔。所以堅淨信菩薩重興哀請。當知已得為發起序。例如欲說法華。先說無量義也。

（乙）二發起序二。初略請。二正問（丙）初中二。初請。二許（丁）今初

爾時會中有菩薩。名堅淨信。從座而起。整衣服。偏袒右肩。合掌白佛言。我今於此眾中。欲有所問。諮請世尊。願垂聽許。

自於一實境界淨信堅固。又能令他淨信堅固。故名堅淨信菩薩也。若分釋者。正因名堅。緣因名淨。了因名信。緣了二因。同依正

因。不可破壞。故名堅淨信也。偏袒右肩者。事釋則是表於敬順。理解則是表露善權。合掌白佛者。事釋則是表於一心。理解則是權實脗合。獨歸大覺。諮請聽許者。西國常儀。欲有所問。並須求聽。不同此土。鹵莽搪揬。絕無敬慎禮節也。

(丁)二許

佛言。善男子。隨汝所問。便可說之。

一切智人。有問必答。降佛以下。皆所不能。故舍利弗富樓那等。有人問時。但云。我若知者。當隨力答耳。

(丙)二正問二。初問法。二問人(丁)初中二。初述佛語致問。二佛指人為答(戊)初又二。初正述佛語。二為眾致問(己)今初

堅淨信菩薩言。如佛先說。若我去世。正法滅後。像法向盡。及入末世。如是之時。眾生福薄。多諸衰惱。國土數亂。災害頻起。種種厄難。怖懼逼繞。我諸弟子。失其善念。唯長貪瞋嫉妬我慢。設有像似

行善法者。但求世間利養名稱。以之為主。不能專心修出要法。爾時眾生覩世災亂。心常怯弱。憂畏己身及諸親屬。不得衣食充養軀命。以如此等眾多障礙因緣故。於佛法中鈍根少信。得道者極少。乃至漸漸於三乘中。信心成就者亦復甚尠。所有修學世間禪定。發諸通業。自知宿命者。次轉無有。如是於後入末法中經久。得道獲信禪定通業等。一切全無。

福薄。是衰惱厄難之因。衰惱厄難。是失其善念之緣。失念。是長貪求利不修出要之因。不修出要。是怯弱鈍根少信之緣。所以非但不能獲一乘實道。亦復不能成三乘權信。非但不能修出世權實。亦復不能修世間禪定通業。所謂天人眾減少。三惡道充滿也。問諸佛菩薩大慈。大悲。大願。大力。何以不能救此末劫。答。譬如赫日當空。不能令覆盆之下蒙其光照。同在太虛空中。自成障隔。非赫日之咎也。一切眾生。亦復如是。同在一實境界之中。自以無明虛幻覆障故。於廣博嚴淨無礙道場。妄見惱亂而生憂畏。即於如來所證剎那際三昧中。妄見遷流而為末世。今以慈悲願力。請問方便。為其作增上緣。倘依此法。撤去無明覆盆。則覩自心本具太空佛日矣。

（己）二為眾致問

我今為此未來惡世像法向盡。及末法中有微少善根者。請問如來。設何方便開化示導〔六〕。令生信心。得除衰惱。以彼眾生遭值惡時。多障礙故。退其善心。於世間出世間因果法中。數起疑惑。不能堅心專求善法。如是眾生。可愍可救。世尊大慈。一切種智。願興方便而曉喻之。令離疑網。除諸障礙。信得增長。隨於何乘速獲不退。

善根深者。必於正法像法時世。早得度脫。不致遭值法盡及末世時。無善根者。縱令得遇正法像法。尚不見聞。況在末法。何由可度。今則正為有少善根。值障易退。故特求方便以愍救之也。由多障礙。故可愍。由有微少善根。故可救。大慈則兼愍一切。況有少善根者而不愍耶。種智則無法不知。況此虛妄疑網而難救耶。然苟無善根。則大慈雖愍而無由可救。苟非種智。則善根雖有而無由決疑。故知感應相關。各有全力。不出一念。仍非共生也。隨於何乘者。為實施權。不得執一。速獲不退者。開權顯實。終無定三也。初述佛語致問竟。

（戊）二佛指人為答

佛告堅淨信言。善哉。善哉。快問斯事。深適我意。今此眾中。有菩薩摩訶薩。名曰地藏。汝應以此事而請問之。彼當為汝建立方便。開示演說。誠〔七〕**汝所願。**

一善哉。讚其快問斯事。下逗群機。一善哉。讚其深適我意。上契佛旨也。萬法由之依持建立。故名曰地。多所容受而無積聚。故名曰藏。地即心地。能載能生。藏即性藏。可出（去聲）可內（音納）。無不從此法界流。名之為出。無不還歸此法界。名之為內。又六根六塵六識。名為理藏。六度四等四攝三十七品。名為行藏。一一理藏各具行藏。則理名為地。行名為藏。一一行藏並證理藏。則行名為地。理名為藏。又惟是一實境界。約持載義。名之為地。約含容義。名之為藏。秖一心性體上。有此持載含容二義。證此體用。名地藏也。又大集經。有日藏月藏須彌藏虛空藏天藏等諸大菩薩。各從所觀境而立名。如觀察虛空無邊入三摩地。名虛空藏。今此菩薩。觀地獄苦。發菩提心。證得地獄界之三德秘藏。能救十方大地獄苦。故名地藏。又如大集經中。海慧菩薩欲來。則眾見大水盈滿。虛空藏菩薩欲來。則大千世界忽皆不見。月藏菩薩欲來。則大眾頭上皆現半月。地藏菩薩欲來。則眾會手中。各各現如意珠。雨寶放光。見十方土。又見身各地界增強。堅重難舉。當知一切依正四大虛空山海日月。無非如來藏性一實境界。諸佛菩薩。隨以一法為所觀境。證得此法之實性已。即證一切法之實性。故一切法。皆趣此法。即以此法名之為藏也。誠如所願。誠者。實也。疑或作成。成者。滿也。初問法竟。

（丁）二問人二。初疑問。二釋答（戊）今初

時堅淨信菩薩復白佛言。如來世尊。無上大智。何意不說。乃欲令彼地藏菩薩而演說之。

恐衆有疑。故代騰請。世尊由此得發迹也。

（戊）二釋答三。初總誡。二別釋。三結答（己）今初

佛告堅淨信。汝莫生高下想。

衆生不知本迹無定。則必以佛為高。菩薩為下。皆是妄想分別。由此分別。不入堅信法門。故寄堅淨信以規一切也。

（己）二別釋二。初直明位高。二兼明緣勝（庚）今初

此善男子。發心已來。過無量無邊不可思議阿僧祇劫。久已能度薩婆若海。功德滿足。但依本願自在力故。權巧現化。影應十方。

發心過無量阿僧祇劫。明其本因深也。度薩婆若功德滿足。明其

本果高也。權巧現化影應十方。明其迹用廣大也。

（庚）二兼明緣勝又二。初悲願勝。二慧辯勝（辛）今初

雖復普游一切剎土。常起功業。而於五濁惡世。化益偏厚。亦依本願力所熏習故。及因眾生應受化業故也。彼從十一劫來。莊嚴此世界。成熟眾生。是故在斯會中。身相端嚴。威德殊勝。唯除如來。無能過者。又於此世界所有化業。唯除徧吉。觀世音等。諸大菩薩。皆不能及〔八〕。**以是菩薩本誓願力。速滿眾生一切所求。能滅眾生一切重罪。除諸障礙。現得安隱。**

雖復位高。仍須願力熏習。雖有願熏。又須應受化業。故唯識云。諸有情類無始時來。種性法爾更相繫屬。或多屬一。或一屬多。故所化生。有共不共。不爾。多佛久住世間。各事劬勞。實為無益。一佛能益一切生故。當知佛能度脫一切眾生。而終不能度無緣者。非虛語也。普游一切剎土常起功業。是無緣大慈。不捨一切也。而於五

濁惡世化益偏厚。是同體大悲。尤憫剛強也。本願力所熏習。謂往昔所發大願。眾生度盡。方證菩提。地獄未空。不取正覺也。眾生應受化業。謂多劫曾結法緣。聞名覩影。易起信心。聆法蒙光。能獲果證也。徧吉。亦名普賢。觀世音。亦名觀自在。此二菩薩。亦與此界有大因緣。故與地藏大士相同。餘大菩薩。縱令位高慧勝。不讓此三大士。而眾生緣淺。故皆不能及其化益也。

（辛）二慧辦勝

又是菩薩。名為善安慰說者。所謂巧說〔九〕深法。能善開導初學發意求大乘者。令不怯弱。

即指下文善巧說法。及進趣大乘方便。占察三種輪相法也。二別釋竟。

（乙）三結答

以如是等因緣。於此世界。眾生渴仰。受化得度。是故我今令彼說

之。

渴仰。有世界益。受化。有為人對治益。得度。有第一義益。即是四悉檀因緣。故令說也。初序段竟。

（甲）二正說段。大分為三。初啟請。二演說。三獲益。（乙）今初

爾時堅淨信菩薩既解佛意已。尋即勸請地藏菩薩摩訶薩言。善哉。救世真士。善哉。大智開士。如我所問。惡世眾生。以何方便而化導之。使離諸障。得堅固信。如來今者。為欲令汝說是方便。宜當知時。哀愍為說。

救世真士。領佛所明悲願勝也。大智開士。領佛所明慧辯勝也。餘可知。

（乙）二演說有三。初從此訖上卷末。示占察法。二從下卷初至攝修禪定之業。有十一紙。示進趣義。三從爾時堅淨信問。至當如是知。有三紙半餘。示善巧說。（丙）初示占察法二。初誡許。二正說（丁）今初

爾時地藏菩薩摩訶薩。語堅淨信菩薩摩訶薩言。善男子諦聽。當為汝說。

諦聽。是誡辭。當說。是許辭也。聽不審諦。則聞慧不生。聞慧不生。則思修無地。三慧是從凡入聖之階梯。故須誡也。然堅淨信。位非凡下。何須待誡。亦借此以誡一切耳。

（丁）二正說為三。初隨機立法。二略示勸誡。三正示輪相（戊）初中二。初隨機。二立法（己）初又二。初明無信力。二明有障緣。若無障緣。則信力雖微。或堪向道。若具信力。則障緣雖甚。或可自持。今惡世中。既乏信力。又值障緣。所以須立輪法。用除疑障也（庚）今初

若佛滅後。惡世之中。諸有比丘比丘尼優婆塞優婆夷。於世間出世間因果法。未得決定信。不能修學無常想。苦想。無我想。不淨想。成就現前。不能勤觀四聖諦法。及十二因緣法。亦不勤觀真如。實際。無生無滅等法。以不勤觀如是法故。不能畢竟不作十惡根本過罪。於

三寶功德種種境界。不能專信。於三乘中。皆無定向。

世間因果。即苦集二諦。十二因緣流轉門。出世因果。即滅道二諦。十二因緣還滅門。又修學無常等想。勤觀四諦因緣真如實際等法。皆是出世之因。所觀真如等法。及三寶功德。皆是出世之果。以要言之。秖是不能如實觀察十界善惡業報耳。又不修學無常苦無我不淨想令其成就現前。不能勤觀四聖諦法。則於聲聞乘無決定向。不能勤觀十二因緣。則於緣覺乘無決定向。不能勤觀真如等法。則於菩薩乘無決定向。此皆真實義愚也。不能不作十惡過罪。乃異熟果愚也。由此二愚。不信三寶功德境界。所以名為末法惡世也。又無常等想。局在藏教。乃厭離之初門。四諦十二因緣。並通四教。如常所明。真如實際無生無滅。皆是一實境界異名。意在圓理。不妄名真。不異名如。不虛名實。本位名際。無始故無生。無終故無滅也。三寶功德種種境界。亦通四教。所謂住持三寶。勝義三寶。別相三寶。一體三寶。具如餘處廣明。

（庚）二明有障緣

如是等人。若有種種諸障礙事。增長憂慮。或疑或悔。於一切處。心不明了。多求多惱。眾事牽纏。所作不定。思想繞亂。廢修道業。

既無專信。又遇障緣。所以疑悔纏心。不能修道。須藉輪相以決疑也。初隨機竟。

（己）二立法三。初示所用法。二示所依理。三示能除疑（庚）初示所用法。謂木輪相也。解在下文

有如是等障難事者。當用木輪相法。占察善惡宿世之業。現在苦樂吉凶等事。

占察善惡。指第一輪相。占察宿世之業。指第二輪相。占察現在苦樂吉凶等事。指第三輪相也。

（庚）二示所依理

緣合故有。緣盡則滅。業集隨心。相現果起。不失不壞。相應不差。

此明所立三種輪相。全依無性緣生緣生無性之理而得成也。善惡業報。本是般若解脫法身三德秘藏。總名一實境界。由此真如無性。舉體隨緣。故染淨迷悟之緣合時。便有十界善惡業報差別不同。所謂因緣和合。虛妄有生也。緣生之法。剎那不住。初生即有滅。不為愚者說。由諸凡愚不了無性。恒起生緣。妄見諸法相似相續。其實生已無間即滅。故云緣盡則滅。所謂因緣別離。虛妄名滅也。然緣生之法。雖即無性。而隨心善惡念念相續。則十界之業隨心積集。業既積集。便有相現。業相既現。果報必起。因果相酬。終不失壞。所謂無我無造無受者。善惡之業亦不亡。如響應聲。如影隨形。故相應不差也。

（庚）三示能除疑

如是諦占善惡業報。曉喻自心。於所疑事。以取決了。

三種輪相。表示自心無性緣生善惡業報。故諦占之。便能曉喻自心以決疑也。初隨機立法竟。

（戊）二略示勸誡二。初勸學習。二誡學他（己）今初

若佛弟子。但當學習如此相法。至心歸依。所觀之事。無不成者。

如此相法。依於無性緣生甚深道理。故當學習。不可妄生疑貳。故云至心歸依也。

（己）二誡學他

不應棄捨如是之法。而返隨逐世間卜筮種種占相吉凶等事。貪著樂習。若樂習者。深障聖道。

世間卜筮等法。不知依於一實境界。不能表示無性緣生。不說一切皆自心現。故樂習者。深障聖道。以其或計邪因。或計無因。終不能知正因緣法故也。二略示勸誡竟。

（戊）三正示輪相二。初總示。二別示（己）初中三。初示相。二示義。

三示用（庚）今初

善男子。欲學木輪相者。先當刻木如小指許。使長短減於一寸。正中令其四面方平。自餘向兩頭斜漸去之。仰手傍擲。令使易轉。因是義故。說名為輪。

共十九輪。皆用此式也。長可九分。方可三分。須用香木。

（庚）二示義

又依此相。能破壞眾生邪見疑網。轉向正道。到安隱處。是故名輪。

示正因緣。故破邪見。顯示善惡業報差別。故壞疑網。令行八聖道中。得到涅槃最安隱處也。

（庚）三示用

其輪相者。有三種差別。何等為三。一者輪相。能示宿世所作善惡業種差別。其輪有十。二者輪相。能示宿世集業久近。所作強弱大小差別。其輪有三。三者輪相。能示三世中受報差別。其輪有六。

下文自解。不必先釋。一之與二皆云宿世者。並約過去所熏種子。即以過去名為宿世。不必獨指前生也。蓋善惡現行。剎那即滅。所熏種子在藏識中。不失不壞。第一輪相。但觀善惡種子有無。第二輪相。乃觀善惡業力強弱也。第三偏示三世報者。如下文百六十數。明現在報。次十一數。明過去報。後十八數。明未來報也。初總示竟。

(己)二別示三。初示第一輪相。二示第二輪相。三示第三輪相。(庚)初中三。初正示輪相。二詳示占占法。三占後誡勸(辛)初又二。初直明輪相。二明輪相所以(壬)今初

若欲觀宿世所〔十〕作善惡業差別者。當刻木為十輪。依此十輪。書記十善之名。一善主在一輪。於一面記。次以十惡書對十善。令使相當。亦各記在一面。

每輪各有四面。一面書善。一面書惡。令使相對。則餘兩面皆

空。故使善惡有現有不現也。

（壬）二明輪相所以

言十善者。則為一切眾善根本。能攝一切諸餘善法。言十惡者。亦為一切眾惡根本。能攝一切諸餘惡法。

十善為眾善根本者。果德萬善。皆由十善而生也。能攝一切諸餘善法者。不惟生一切善。亦即攝一切善更無餘也。且如不殺。則有事不殺理不殺等。乃至瞋痴亦然。故曰唯佛一人持淨戒。其餘皆名汙戒者。十善為法界。一切法皆趣十善。是趣不過也。又散心十善。即波羅提木叉戒。定心十善。即禪戒。出世十善。即無漏戒。止一切惡。即律儀戒。具一切善。即攝善法戒。利一切眾生。即饒益有情戒。戒為法界。一切法趣戒也。十惡為眾惡根本者。一切惡業。身口七支攝無不盡。並由貪瞋痴三不善根而起。此三即攝一切根隨煩惱。慢是貪攝。疑及五見。並屬痴攝。忿恨惱嫉害。皆即瞋分。覆誑與諂。皆貪癡分。慳之與憍。皆即貪分。無慚無愧。並是癡攝。掉舉放逸散亂。並等分攝。惛沈不信懈怠失念及不正知。並是癡攝。故云能攝一切諸餘惡法也。問若約圓融為語。則秖一善字。已攝百界千如皆盡。秖一惡字。亦攝百界千如皆盡。今既善惡對論。則無記品業。如何相攝。答。若欲攝者。則有覆無記。攝入惡品。是染汙故。無覆無記。攝歸善品。是白淨故。今輪相意。則取能招樂異熟者。名為善種。能招苦異熟者。名為惡種。二種無記。但能招等流果。不招苦樂異熟。故以不現表之。又無漏善。能得離繫。不感異熟。亦以不現表之。初正示輪相竟。

（辛）二詳示占法三。初明依法自占。二明以自例他。三明占已詳察。

（壬）初中五。初敬禮立願。二廣修供養。三別供稱名。四至誠啟白。五正擲輪相。（癸）今初

若欲占此輪相者。先當學至心總禮十方一切諸佛。因即立願。願令十

方一切眾生。速疾皆得親近供養。諮受正法。次應學至心敬禮十方一切法藏。因即立願。願令十方一切眾生。速疾皆得受持讀誦。如法修行。及為他說。次當學至心敬禮十方一切賢聖。因即立願。願令十方一切眾生。速疾皆得親近供養。發菩提心。至不退轉。後應學至心禮我地藏菩薩摩訶薩。因即立願。願令十方一切眾生。速得除滅惡業重罪。離諸障礙。資生眾具。悉皆充足。

至心禮佛法僧及我地藏。一一皆云學者。上則普緣十方三寶。下乃普為十方眾生。即是悲智並運。須達一心無作四弘。故當學也。學此無作四弘。方名至心。有此至心。方成感應。何者。悟此現前一念心性。則為十方三寶及地藏尊。迷此現前一念心性。則為十方一切眾生。迷悟總不離於一心。秖就一心而論迷悟。迷為無作苦集。如水成冰。悟為無作道滅。冰還成水。能覺名為佛。所覺名為法。能所不二名為僧。三寶是一切法依持。名為地。一切法總不出於三寶。名為藏。求契此理。名為至心敬禮。以此益他。名為因即立願也。

(癸)二廣修供養二。初明供具。二明觀想。供具秖可隨緣。觀想則須稱性也。(子)今初

如是禮已。隨所有香華等。當修供養。

三寶離障清淨。不受諸受。損之不瞋。供之不喜。而惡心毀謗。則自受其殃。如仰天唾。還墜己身。好心供養。則自取其福。如染香人。身有香氣。故須修供養也。但云隨所有者。有而不供。則為慳鄙。無而強營。則妨正業。故秖令隨力隨分。蓋物無大小。大小由心。心大則少施亦福等虛空。心小則多施亦終成有漏。譬如滿屋琉璃。不及摩尼一粒。所以貧士一燈。勝闍王之千炷。五莖蓮供。超多劫之事檀。良以一切供物。皆是因緣生法。當體無不即空假中。達之則事隨理徧。迷之則理被事局也。供必用香華者。香則然之而任運騰空。表無作善。華則散之而始周法界。表有作善。又香以表戒。華

以表慧。現前一念心性。正理不動。本即那伽大定。戒慧二種共莊嚴之。即是緣了二因。助顯正因一性也。

（子）二明觀想二。初修供觀。二利益觀。（丑）初中二。初稱性總觀。二緣境別觀。（寅）初又二。初解所供體徧。二達能供性徧。（卯）今初

修供養者。憶念一切佛法僧寶。體常徧滿。無所不在。

佛是能覺。法是所覺。僧是能所從來不二。此自心一體三寶也。徹證一體三寶者名為佛。詮顯一體三寶者名為法。修行一體三寶者名為僧。此自心住持三寶也。此心無始無終。故常。此心無分無劑。故徧。此心無間無缺。故滿。此心豎窮橫徧莫載莫破。故無所不在。自心既常徧滿無所不在。一切佛法僧寶皆以此心為體。則亦體常徧滿無所不在矣。非由憶念使然。但以憶念而照了之。

（卯）二達能供性徧

願令以此香華。等同法性。普熏一切諸佛剎土。施作佛事。

秪此一香一華。本從法性隨緣顯現。並具法性全體功能。非是少分。以法性本來無分劑故。不可割裂分剖故。若知香華本同法性之體。則必等同法性之用。故可普熏一切諸佛剎土。上供三寶。又可施作佛事。下度群生也。斯則性雖自爾。必須願力方成稱性之功。初稱性總觀竟。

（寅）二緣境別觀者。雖復一香一華。已能稱性周徧。而由願王無盡。心無厭足。故須別別偏緣一切供具一切眾生。又須別別想能供身所供三寶各各互徧。無盡重重。重重無盡。方入普賢廣大供養法門海也。文分為三。初念供養具徧。二願能供身徧。三所供三寶徧（寅）初又二。初念徧用供具。二想徧同眾生（卯）今初

又念十方一切供具。無時不有。我今當以十方所有一切種種香華瓔珞。幢幡寶蓋。諸珍妙飾。種種音樂。燈明燭火。飲食衣服。臥具湯藥。乃至盡十方所有一切種種莊嚴供養之具。

問。十方供具。各有所屬。若實用之。寧不犯盜。若不實用。何名供養。答。若約圓宗。則十方供具。並我一念心中所現之物。若約唯識。則是第八識上共相識種所變器界相分。今還用我自識相分。何名犯盜。如是了達唯識而修供養。即名真實法供。何名不實。若依真諦。則雖手執香華翹勤施供。亦豈有實用耶。夫心念五逆。雖不動身發口。亦必有罪。心念供養。雖不燒香散華。亦豈無福。況令於一念中想用十方供具。便可破我法二執。顯同體慈悲。又不止於迷情空想而已。思之修之。

（卯）二想偏同眾生又三。初想同供。二念隨喜。三願開導（辰）今初

憶想遙擬。普共眾生奉獻供養。

（辰）二念隨喜

常念一切世界中有修供養者。我今隨喜。

（辰）三願開導

若未修供養者。願得開導令修供養。

普共奉獻供養。即偏現在。隨喜已修供養。即偏過去。開導未修供養。即偏未來。所謂念念相續。無有間斷。身語意業。無有疲厭也。初念供養具偏竟。

（寅）二願能供身偏

又願我身。速能偏至一切剎土。於一一佛法僧所。各以一切種莊嚴供養之具。共一切眾生。等持奉獻。

凡夫妄認四大為自身相。則逼局而不能偏。二乘妄計無常無我不淨苦空。則趣寂而無可偏。今直觀身性即是法性。法性偏故。身亦隨偏也。夫一身所念供具。所同眾生。已自豎窮橫偏。況無盡身。各以無盡供養之具。各共一切無盡眾生等持奉獻。則豈不無雜無障礙耶。

（寅）三所供三寶偏

供養一切諸佛法身色身。舍利形像。浮圖廟塔。一切佛事。供養一切

所有法藏及說法處。供養一切賢聖僧眾。

法身者。所證之理也。色身者。自受用報。具不思議微妙色心。所謂究竟常住五蘊。舉色以該心也。舍利者。化身所留之靈骨。形像者。肖彼化身之相好。浮圖廟塔一切佛事者。供彼舍利形像之莊嚴。若達因緣生法即空假中。則一一舍利及形像等。三身宛然。四德無減。況復色身及法身耶。法僧可知。夫稱性修觀。則一香一華。已足徧供三寶。況盡十方所有供具以為供養。況復隨喜開導一切眾生咸修供養。況復我身徧至一切剎土。一一供具。各徧供養一切三寶。可謂重重無盡。無盡重重矣。初修供觀竟。

（丑）二利益觀。攝前總別二供養觀。廻向令成二種莊嚴也。又為二。初願成功德莊嚴。二願成智慧莊嚴。以此全性所起二修。還用莊嚴一性。

（寅）今初

願共一切眾生。修行如是供養已。漸得成就六波羅蜜。四無量心。

捨諸所有。即成就施。清淨無染。即成就戒。心無瞋惱。即成就忍。離諸懈怠。即成就進。離雜亂垢。即成就禪。離諸暗蔽。即成就般若。令他得樂。即慈無量。令他離苦。即悲無量。慶他得樂。即喜無量。心常平等。無有怨親。即捨無量。隨一修供。即能成就此十法門。亦自圓攝一切二利功德。

（寅）二願成智慧莊嚴

深知一切法。本來寂靜。無生無滅。一味平等。離念清淨。畢竟圓滿。

本來寂靜無生無滅一味平等。謂一切法即中。一切種智也。離念清淨。謂一切法即空。一切智也。畢竟圓滿。謂一切法即假。道種智也。一心三智。深知一切諸法無非三諦。自覺覺他。俱不出此妙觀矣。二廣修供養竟。

（癸）三別供稱名

又應別復係心供養我地藏菩薩摩訶薩。次〔十二〕當稱名。若默誦念。一心告言南無地藏菩薩摩訶薩。如是稱名。滿足至千。

雖已普供三寶。而我地藏。正為行人決疑之主。故應係心別供也。稱名須至千念者。令積善根。成機感故。亦表一念具千法故。

（癸）四至誠啟白

經千念已。而作是言。地藏菩薩摩訶薩。大慈大悲。惟願護念我。及一切眾生。速除諸障。增長淨信。令今所觀。稱實相應。

雖為自決所疑。必云及一切眾生者。念念不忘眾生。乃可扣感菩薩大慈悲也。

（癸）五正擲輪相

作此語已。然後手執木輪。於淨物上而傍擲之。

初明依法自占竟。

（壬）二明以自例他

如是欲自觀法。若欲觀他。皆亦如是應知。

初心之人。未知宿命。故須自觀以決疑悔。未得他心道眼。故欲觀他。亦須依前五法也。

（壬）三明占已詳察。不論自觀觀他。並須如此諦察也。又二。初明所現。二明不現。（癸）今初

占其輪相者。隨所現業。悉應一一諦觀思驗。或純具十善。或純具十惡。或善惡交雜。或純善不具。或純惡不具。如是業因。種類不同。習氣果報。各各別異。如佛世尊餘處廣說。應當憶念思惟觀察所現業種。與今世果報所經苦樂吉凶等事。及煩惱業習得相當者。名為相應。若不相當者。謂不至心。名虛謬也。

所現業種。謂輪上所現或善或惡也。要與今世果報相當。或與煩惱業習相當。乃名相應。否則由不至心。故名虛謬。如現不殺。今應無病常壽。或有慈心。若現不盜。今應無所乏少。或常知足等。又如

現殺。今應多病多惱。或常懷殺意。若復現盜。今應少財。或常失脫。或常懷盜意等。一一須自思驗。不可盡述也。

（癸）二明不現又二。初俱不現。二有所不現。（子）今初

若占輪相。其善惡業俱不現者。此人已證無漏智心。專求出離。不復樂受世間果報。諸有漏業。展轉微弱更不增長。是故不現。

無漏智心。謂初果八忍八智通見地。別初住。圓初信。已斷三界分別惑種。不復更造招後有業。縱有舊熏業種。漸就羸損。不增長也。或圓五品。圓伏煩惱。當捨同居穢土。生同居淨。雖未證無漏智。亦可善惡兩俱不現。以圓觀力強故。

（子）二有所不現

又純善不具純惡不具者。此二種人善惡之業所有不現者。皆是微弱未能牽果。是故不現。

善業種強。則能招樂異熟。惡業種強。則能招苦異熟。若微弱

種。猶須待潤。未即牽果。故不現也。准此則有覆無覆兩種無記。不名善惡明矣。二詳示占法竟。

（辛）三占後誡勸

若當來世佛諸弟子。已占善惡果報得相應者。於五欲眾具得。稱意時。勿當自縱以起放逸（誡也）。即應思念。由我宿世如是善業故。今獲此報。我今乃可轉更進修。不應休止（勸也）。若遭眾厄種種衰惱不吉之事。繞亂憂怖。不稱意時。應當甘受。無令疑悔。退修善業（誡也）。即當思念。但由我宿世造如是惡業故。今獲此報。我今應當悔彼惡業。專修對治及修餘善。無得止住懈怠放逸。轉更增集種種苦聚（勸也）。是名占察初輪相法。

此中共有兩番誡勸。初番為稱意者誡勿放逸。勸更進修。次番為不稱意者誡勿退悔。勸修諸善也。初示第一輪相竟。

（庚）二示第二輪相三。初正示輪相。二詳示占法。三別明懺法。（辛）

初中三。初示相。二示義。三功能。（壬）今初

善男子。若欲占察過去往昔集業久近。所作強弱大小差別者。當復刻木為三輪。以身口意各主一輪。書字記之。又於輪正中一面。書一畫令粗長。使徹畔。次第二面。書一畫令細短。使不至畔。次第三面。作一傍刻如畫。令其粗深。次第四面。亦作傍刻。令使細淺。

（壬）二示義

當知善業莊嚴。猶如畫飾。惡業衰害。猶如損刻。其畫長大者。顯示積善來久。行業猛利。所作增上。其畫細短者。顯示積善來近。始習基鈍。所作微薄。其刻粗深者。顯示習惡來久。所作增上。餘殃亦厚。其刻細淺者。顯示退善來近。始習惡法。所作之業。未至增上。或雖起重惡。已曾改悔。此謂小惡。

大善小善大惡。各有二義。大善二者。一或積久。二或猛利增上。小善二者。一或未久。二或所作微薄。大惡二者。一或積久。二

或所作增上也。小惡則有三義。一或未久。二或未至增上。三或已曾改悔。轉重令輕也。大善大惡。能順現受及與生受。小善小惡。能順後受。或更潤之。可順生受。或更損之。可不定受。初輪相中所不現者。則是不定受業也。又凡無漏智起。則一切生受後受業種。皆可摧滅。惟除順現受業。未能全滅。亦能轉重令輕。

（壬）三功能

善男子。若占初輪相者。但知宿世所造之業善惡差別。而不能知積習久近。所作之業強弱大小。是故須占第二輪相。

（辛）二詳示占法二。初明占。二明察。（壬）今初

初正示輪相竟。

若占第二輪相者。當依初輪相中所現之業。若屬身者。擲身輪相。若屬口者。擲口輪相。若屬意者。擲意輪相。不得以此三輪之相一擲通占。應當隨業。主念一一善惡。依所屬輪。別擲占之。

一一善惡。皆須主念別占。如身之善惡。若有三現。則須別擲三次。口四意三。亦皆爾也。所不現者。則不須擲。

（壬）二明察

復次。若占初輪相中。唯得身之善。於此第二輪相中得身惡者。謂無至心。不得相應。名虛謬也。又復不相應者。謂占初輪相中。得不殺業。及得偷盜業。意先主觀不殺業。而於第二輪相中得身惡者。名不相應。復次若觀現在從生以來。不樂殺業。無造殺罪。但意主（欲觀）殺業。而於此第二輪相中得身大惡者。謂名不相應。自餘口意中業不相應義。亦如是應知。

二詳示占法竟。

（辛）三別明懺法三。初明應修懺悔。二正示懺悔法。三明得清淨相。

（壬）今初

善男子。若未來世諸眾生等。欲求度脫生老病死。始學發心修習禪定無相智慧者。應當先觀宿世所作惡業多少及以輕重。若惡業多厚者。不得即學禪定智慧。應當先修懺悔之法。所以者何。此人宿習惡心猛利故。於今現在必多造惡。毀犯重禁。以犯重禁故。若不懺悔令其清淨。而修禪定智慧者。則多有障礙。不能剋獲。或失心錯亂。或外邪所惱。或納受邪法。增長惡見。是故當先修懺悔法。若戒根清淨。及宿世重罪得微薄者。則離諸障。

業性雖空。果報不失。故須熏習懺悔善力。令彼惡種展轉微弱。更不增長。方堪修習禪慧。不遭邪慮也。

（壬）二正示懺悔法二。初明懺儀。二明懺期。（癸）初中二。初廣明晝時佛事。二略示夜時佛事（子）初文共有九意。初明嚴淨道場。二明香華供養。三明清淨三業。四明稱名敬禮。五明說罪懺悔。六明發勸請願。七明發隨喜願。八明發廻向願。九明稱念名號。詳夫法華。方等。請觀音。金光明。大悲。淨土。種種儀法。皆是四依大士。倚傍經文。取意斟酌。

方立十科。未有若此經之分明現成。不假斟酌者。但乏初時啟請一科耳。向曾然香懇祝。拈鬮取決。乃敢增入。誓不敢一字穿鑿也。（丑）初明嚴淨道場

善男子。欲修懺悔法者。當住靜處。隨力所能。莊嚴一室。內置佛事。及安經法。懸繒幡蓋。

密部壇儀。極令嚴飾。今但言隨力所能者。曲為末世助緣缺乏之人也。佛事。即佛菩薩形像。或塑或畫。皆無不可。經法。即指此經。或餘大乘法寶。亦無不可。懸繒幡蓋以為莊嚴。或錦或帛。或復紙素。並可隨力也。

（丑）二明香華供養

求集香華。以修供養。

准餘行法。每時皆須燒香散華。如前所明觀想法也。此逐文便。故在第二。准行次第。決在淨三業後。

（丑）三明清淨三業

澡浴身體。及洗衣服。勿令臭穢。

此亦如餘行法。每大便時。必換衣洗浴。浴竟。著清淨衣。方可入壇行道也。

（丑）四明稱名敬禮

於晝日分。在此室內。三時稱名。一心敬禮過去七佛及五十三佛。次隨十方面。一一總歸。擬心偏禮一切諸佛所有色身舍利形像浮圖廟塔一切佛事。次復總禮十方三世所有諸佛。又當擬心偏禮十方一切法藏。次當擬心偏禮十方一切賢聖。然後更別稱名禮我地藏菩薩摩訶薩。

（丑）五明説罪懺悔

如是禮已。應當説所作罪。一心仰告。惟願十方諸大慈尊。證知護念。我今懺悔。不復更造。願我及一切眾生。速得除滅無量劫來。十

惡四重。五逆顛倒。謗毀三寶一闡提罪。復應思惟。如是罪性。但從虛妄顛倒心起。無有定實而可得者。本唯空寂。願一切眾生速達心本。永滅罪根。

說所作罪。謂今生所作一切惡業。或輪相中所現大惡。並須發露披陳也。此於逆生死流十心之中。由三種心。生五種心。並下勸請隨喜等。則共成十心也。由第一深信因果。第二生大慚愧。第三生大怖畏。故今說所作罪。即第四發露懺悔也。不復更造。即第五斷相續心。願我及一切眾生速得除滅十惡四重等。即第六發菩提心。及第七翻昔重過。思惟罪性等。即第十今知空寂。下文勸請。即第九念十方佛。隨喜。即第八隨喜諸善。迴向亦兼第六第七並第十意也。過去惡業。若論現行。則剎那已滅。但所熏種子。藏在第八識中。由六七二識我執力故。念念資熏。令得增長。今之發露。正是破除我執前茅。如草木種子潛在地中。必發芽莖。今既掘露。則自損壞。又舊種雖復發露。若不永斷相續。則新熏種子。能與舊種互相資益。展轉生長。無有已時。故須誓不更造。又向由我執。妄分我人。所作之罪。無不損惱同體眾生。譬如一身之中。兩手互傷。自遭痛苦。今破虛妄我執。故代眾生普除眾罪。終不如獐獨跳也。又此罪性。但從虛妄顛倒心起。不在內外中間諸處。過去已滅。現在不住。未來未有。十方三世仔細推求。無有定實而可得者。如彼翳眼所見空華。華體本來惟是空寂。不達本空。增無明翳。念念觀知本性空寂。不復瞪目分別空華。則翳病漸除。華亦漸滅。乃至目勞既息。華相自亡。故云速達心本。永滅罪根也。觀罪性空。名實相懺。名無生懺。亦名大莊嚴懺。即是唯心識觀真如實觀。不可不知。

（丑）六明發勸請願

次應復發勸請之願。願令十方一切菩薩。未成正覺者。願速成正覺。若已成正覺者。願常住在世。轉正法輪。不入涅槃。

勸請能滅魔障。故亦名悔。魔王波旬。於坐道場菩薩。每欲障令不得成道。於佛轉法輪時。每欲興心破壞。又每請佛速入涅槃今勸請成道。勸久住世。勸轉法輪。即翻破彼三種惡也。觀心釋者。菩薩是自心諸善心所。魔是自心諸惡心所。今令諸善心所與無漏慧相應。名為速成正覺。念念恒無間斷。名為常住不滅。轉化餘心心所。名為轉正法輪。

（丑）七明發隨喜願

次當復發隨喜之願。願我及一切眾生。畢竟永捨嫉妬之心。於三世中一切剎土。所有修學一切功德及成就者。悉皆隨喜。

隨喜滅嫉妬障。故亦名悔。一切諸佛。三乘聖眾。六道凡夫。並皆在我現前一念心中。同一體性。本無彼此。由我執故。妄計自他而生嫉妬。今悔此過。深於一切凡聖平等起隨喜心。則是攬法界善以為己善。其善乃大。豈必獨自運心動身口業以為善哉。現見他人攜燈。

亦蒙其照。他人然香。亦被其熏。同體善根。分明若此。奈何痴障。不知承荷。反生嫉妬耶。若能隨喜。則知諸佛菩薩所修善根。本與一切眾生共之。我原有分。非俟強求。故大佛頂經云。十方如來所有功德。悉與此人。常與諸佛同生一處。無量功德。如惡叉聚。同處熏修。永無分散。又經言。菩薩若知諸佛所有功德即是己功德者。是為奇特之法。又經言。與一切菩薩同一善根藏。又大乘止觀云。行者當知諸佛菩薩二乘聖人凡夫人天等所作功德。皆是己之功德。是故應當隨喜。噫。可以悟矣。

（丑）八明發迴向願

次當復發迴向之願。願我所修一切功德。資益一切諸眾生等。同趣佛智。至涅槃城。

迴向能滅著三有障。故亦名悔。資益一切。即迴自向他。同趣佛智。即迴因向果。至涅槃城。即迴事向理也。迴事向理。名為直心。

迴因向果。名為深心。迴自向他。名大乘心。直心顯斷德法身。深心成智德般若。大乘心成恩德解脫。全性起修。全修在性。始終不離秘密藏矣。

（丑）九明稱念名號

如是發迴向願已。復往餘靜室。端坐一心。若稱誦。若默念我之名號。當滅省睡眠。若惛蓋多者。應於道場室中旋遶誦念。

但令一心稱誦默念名號者。正為惡業多厚。不可即修禪定智慧也。然而若坐若旋一心稱念。即是真實禪定智慧方便。由我地藏萬德洪名。詮召果上真實功德。能與眾生作增上緣。令念念中滅罪除障故也。如法華及大佛頂經。皆云。持六十二億恒河沙諸法王子名號。與持觀世音一名功德。正等無異。又大乘十輪經云。假使有人。於其彌勒及妙吉祥並觀自在普賢之類。於百劫中至心歸依。稱名念誦。禮拜供養。求諸所願。不如有人。於一食頃。至心歸依稱名念誦禮拜供養地藏菩薩。求諸所願。速得滿足。所以者何。如是大士。為欲成熟諸有情故。久修堅固大願大悲。勇猛精進。過諸菩薩。是故汝等應當供養。今以二意釋之。一者平等意趣。則六十二億所證法性。與一大士所證平等。百劫至心所契法性。與一食頃所契平等。二者差別意趣。則此土眾生。與六十二億大士所有因緣。不若觀音大士因緣最深。與觀世音大士所有因緣又不若地藏大士因緣更深也。又所稱之名。無論解與不解。本是一境三諦。能稱之念。無論達與不達。本即一心三觀。又所稱之名雖即三諦。而歷然分明。即不思議。假能稱之念雖即三觀。而覓不可得。即不思議空。能外無所。所外無能。雙忘雙照。即不思議中。又名因念有。念外無名。即是惟心識觀。能念所念當體絕待。不生不滅。常住一心。即是真如實觀。又一心即是禪定。稱念即是智慧。圓教名字位人。雖已解了能稱所稱無非法界。猶有無始事障力強。須藉洪名以為繫心之境。漸漸令除散昏二蓋。正所謂繫緣法界。一念法界者也。圓人受法。無法不圓。豈可藐視持名以為權淺行耶。初晝時佛事竟。

（子）二略示夜時佛事

次至夜分時。若有燈燭光明事者。亦應三時恭敬供養悔過發願。若不能辦光明事者。應當直在餘靜室中一心誦念。

能辦燈燭。則同日時行道。若不能辦。但令一心持名。大慈大悲。曲為之助緣者開此易行方便也。初明懺儀竟。

（癸）二明懺期

日日如是行懺悔法。勿令懈廢。若人宿世遠有善基。暫時遇惡因緣而造惡法。罪障輕微。其心猛利。意力強者。經七日後。即得清淨。除諸障礙。如是眾生等。業有厚薄。諸根利鈍。差別無量。或經二七日後而得清淨。或經三七日。乃至或經七七日後而得清淨。若過去現在。俱有增上種種重罪者。或經百日而得清淨。或經二百日。乃至或經千日而得清淨。若極鈍根。罪障最重者。但當能發勇猛之心。不顧惜身命想。常勤稱念。晝夜旋遶。減省睡眠。禮懺發願。樂修供養。不懈不廢。乃至失命。要不休退。如是精進。於千日中必獲清淨。

獨行則以得清淨相為期。若十人結制。晝夜六時。則一七三七或七七等。亦無不可。高明者自能酌之。二正示懺悔法竟。

（壬）三明得清淨相三。初明相依輪顯。二明隨求尅獲。三明至心為因。

（癸）初中三。初正明依輪。二兼明餘相。三簡非。（子）今初

善男子。若欲得知清淨相者。始從〔十二〕修行過七日後。當應〔十三〕日日於晨朝旦。以第二輪相具安手中。頻三擲之。若身口意皆純善者。名得清淨。

不論大善小善。但三擲俱善無惡。即名清淨也。

（子）二兼明餘相

如是未來諸眾生等。能修行懺悔者。從先過去久遠以來。於佛法中。

各曾習善。隨其所修何等功德。業有厚薄種種別異。是故彼等得清淨時。相亦不同。或有眾生。得三業純善時。即更得諸餘好相。或有眾生得三業善相時。於一日一夜中。復見光明徧滿其室。或聞殊特異好香氣。身意快然。或作善夢。夢見佛色〔十四〕身來為作證。手摩其頭。歎言善哉。汝今清淨。我來證汝。或夢見菩薩身來為作證。或夢見佛形像放光而為作證。

正得清淨輪相。兼得種種感應。故是善根發現也。

（子）三簡非

若人未得三業善相。但先見聞如此諸事者。則為虛妄誑惑詐偽。非善相也。

輪相一法。乃地藏大士威神之所建立。依法而求。決無虛謬。既未獲清淨相。或先見光聞香。得奇好夢。總屬魔事不可被其誑惑也。初明相依輪顯竟。

（癸）二明隨求尅獲三。初明得禪慧。二明得離惱。三明得淨戒。（子）初又二。初明顯益。二明冥益。（丑）今初

若人曾有出世善基。攝心猛利者。我於爾時。隨所應度而為現身。放大慈光。令彼安隱。離諸疑怖。或示神通種種變化。或復令彼自憶宿命所經之事所作善惡。或復隨其所樂。為說種種深要之法。彼人即時於所向乘得決定信。或漸證獲沙門道果。

（丑）二明冥益

復次彼諸眾生。若雖未能見我化身轉變說法。但當學至心。使身口意得清淨相已。我亦護念。令彼眾生速得消滅種種障礙。天魔波旬。不來破壞。乃至九十五種外道邪師一切鬼神。亦不來亂。所有五蓋。展轉輕微。堪能修習諸禪智慧。

或宜顯應得益。或宜冥應得益。並由自善根力。並由菩薩知機妙智。苟能信此。則專心禮拜懺悔。復何疑哉。初明得禪慧竟。

（子）二明得離惱

復次若未來世諸眾生等。雖不為求禪定智慧出要之道。但遭種種眾厄。貧窮困苦。憂惱逼迫者。亦應恭敬禮拜供養。悔所作惡。恒常發願。於一切時一切處。勤心稱誦我之名號。令其至誠。亦當速脫種種衰惱。捨此命已。生於善處。

縱不發心出世。亦令得世間益。所謂小草亦蒙潤澤也。若依權教。則是為闡提人說十善法。若依實義。則是循循善誘。究竟亦令漸入佛道矣。

（子）三明得淨戒又二。初明懺重得受。二明無師得受。（丑）今初

復次未來之世〔十五〕。若在家。若出家。諸眾生等。欲求受清淨妙戒。而先已作增上重罪。不得受者。亦當如上修懺悔法。令其至心。得身口意善相已。即應可受。

在家或破終身五戒中四重。或破一日一夜八戒中四重。或破菩薩

戒中十重。出家或破沙彌及尼戒中四重。或破式叉摩那法中四重。或破比丘及尼戒中四重。並名邊罪。屬重難攝。故名增上重罪。若依律藏。不許懺悔。不得重受一切戒品。若依梵網。須以得見好相為期。今依此經。則以得清淨輪為期也。又七逆等。亦名增上重罪。雖梵網經。亦不許其受戒。若依此經求得清淨輪相。即應可受。尤為格外洪慈。

(丑)二明無師得受又二。初明菩薩三聚戒。二明五眾木叉戒。(寅)今初

若彼眾生。欲習摩訶衍道。求受菩薩根本重戒。及願總受在家出家一切禁戒。所謂攝律儀戒。攝善法戒。攝化眾生戒。而不能得善好戒師。廣解菩薩法藏。先修行者。應當至心於道場內。恭敬供養。仰告十方諸佛菩薩。請為師證。一心立願。稱辯戒相。先說十根本重戒。次當總舉三種戒聚。自誓而受。此亦得戒。

摩訶衍。此云大乘。欲行大乘菩薩之道。須受菩薩三聚淨戒。即

梵網十重四十八輕戒也。此菩薩戒。普通在家二眾。出家五眾。皆可受持。故名在家出家一切禁戒。若千里內有授戒師。理應從受。若無先解先修行者。便可自受。若先已作增上重罪。須求清淨輪相。方可誓受。若今生無增上重罪。便可於道場內。請佛菩薩以為師證。自誓得戒。此同地持瓔珞二經。重在發菩提心。不同梵網制令見好相也。

(寅)二明五眾木叉戒又二。初明得。二簡不得。(卯)初又二。初明年滿者得二眾戒。二明年不滿者先得三小眾戒。(辰)今初

復次未來世諸眾生等。欲求出家。及已出家。若不能得善好戒師及清淨僧眾。其心疑惑。不得如法受於禁戒者。但能學發無上道心。亦令身口意得清淨已。其未出家者。應當剃髮。被服法衣。如上立願。自誓而受菩薩律儀三種戒聚。則名具獲波羅提木叉出家之戒。名為比丘比丘尼。即應推求聲聞律藏。及菩薩所習摩德勒伽藏。受持讀誦。觀察修行。

比丘比丘尼戒。關係僧輪。至尊至貴。故雖無增上罪。亦須求得清淨輪相。方可承當。不同菩薩戒也。又設有如法戒師僧眾。而不從受。便自出家。則成盜法重難。今既僧輪久廢。誓續住持。故須學發無上道心。方堪感得清淨輪相。若依瑜伽論說。則像法既盡。便不復發無作律儀。彼是隨情。今乃隨智。無違妨也。摩德勒伽。此云智母。即是菩薩論藏。先求聲聞律藏。次及菩薩論藏。則所重可知矣。

（辰）二明年不滿者先得三小眾戒。

若雖出家。而其年未滿二十者。應當先誓願受（菩薩）十根本戒。及受沙彌沙彌尼所有別戒。既受戒已。亦名沙彌沙彌尼。即應親近供養給侍先舊出家學大乘心具受戒者。求為依止之師。請問教戒。修行威儀。如沙彌沙彌尼法。

雖得清淨輪相。未滿二十。尚不許即承當比丘。足顯比丘戒之尊矣。先誓願受十根本戒。及受沙彌沙彌尼別戒。可見受菩薩戒。仍得誓為沙彌。豈沙彌等。不得先受菩薩戒耶。問。既有先舊大乘具受戒者。何不依之受戒。而乃自誓受耶。答。此有三意。一者或此先舊行頭陀行。不肯度人。二者或此先舊未滿十夏。未為和尚。三者或先求輪相時。未遇此人。得清淨後。乃遇見之。

若不能值如是之人。唯當親近菩薩所修摩德勒伽藏。讀誦思惟。觀察修行。應勤供養佛法僧寶。

未滿二十。未成比丘。故但許學菩薩論藏。未許推求聲聞律藏也。故知未受具人。輒先閱律。深為不可。已受具人。不學律藏。尤所不應。

若沙彌尼年已十八者。亦當自誓受毗尼藏中式叉摩那六戒之法。及偏學比丘尼一切戒聚。其年若滿二十時。乃可如上總受菩薩三種戒聚。

佛因女人根鈍。故沙彌尼年十八已。先令與其二年學戒。名為式叉摩那。此翻學戒女也。當其得清淨相。已誓願受菩薩十重及受沙彌尼戒。今年十八。則自加受式叉六戒。六戒在律藏中。不必預列。至年二十。乃受比丘尼戒。此比丘尼所有具戒。亦屬菩薩三聚戒攝。菩薩毗尼。猶如大海。悉攝一切諸毗尼故。須於菩薩戒中。自辨七眾差別。一一不得紊亂若此。

然後得名比丘比丘尼。

此總結若男若女。設於年未滿二十時。先得清淨輪相。則男止名沙彌。女亦止名為沙彌尼。或名式〔十六〕叉摩那。至年二十。乃名比丘比丘尼也。菩薩所示學戒法式。一遵律制如此。後之弘律學者。漠然不知。哀哉。哀哉。初明得竟。

（卯）二簡不得

若彼眾生。雖學懺悔。不能至心。不獲善相者。設作受想。不名得戒。

五眾木叉。非依師僧如法受得。則須依於清淨輪相乃得。不同菩薩戒品。但依菩提心得也。二明隨求尅獲竟。

（癸）三明至心為因二。初問。二答。（子）今初

爾時堅淨信菩薩摩訶薩。問地藏菩薩摩訶薩言。所說至心者。差別有幾種。何等至心。能獲善相。

（子）二答

地藏菩薩摩訶薩言。善男子。我所說至心者。略有二種。何等為二。一者初始學習求願至心。二者攝意專精成就勇猛相應至心。得此第二至心者。能獲善相。此第二至心。復有下中上三種差別。何等為三。一者一心。所謂係想不亂。心住了了。二者勇猛心。所謂專求不懈。不顧身命。三者深心。所謂與法相應。究竟不退。若人修習此懺悔法。乃至不得下至心者。終不能獲清淨善相。是名說占第二輪法。

初始學習求願至心。未離散動。未伏障種。乃名字初心。故未能獲清淨輪相。第二種中下至心者。即是攝意專精。能得欲界細住。或

是初隨喜品。或是名字後心。故亦可得清淨輪相。多是冥益。中至心者。即是成就勇猛。須在觀行後心。多分兼得諸餘好相。上至心者。即是相應至心。須在相似初心。能感菩薩現身說法。故得究竟不退也。然應之冥顯亦不須論。但必第三至心。方證不退。則前二種雖獲善相。急須修行禪定智慧。令與二觀相應可矣。不然。故業雖滅。新業還生。亦可懼也。二示第二輪相竟。

（庚）三示第三輪相三。初正示輪相。二詳示占法。三勸修至心。（辛）初中二。初明相。二明義。（壬）今初

善男子。若欲占察三世中受報差別者。當復刻木為六輪。於此六輪。以一二三。四五六。七八九。十十一十二。十三十四十五。十六十七十八等數。書字記之。一數主一面。各書〔十七〕三面。令數次第不錯不亂。

輪各四面。今各書三數。則空一面不書。乃得有不現者也。以

十八數次第書於六輪。不可錯亂。

（壬）二明義

當知如此諸數。皆從一數而起。以一為本。如是數相者。顯示一切眾生六根之聚。皆從如來藏自性清淨心一實境界而起。依一實境界。以之為本。所謂依一實境界故。有彼無明。不了一法界。謬念思惟。現妄境界。分別取著。集業因緣。生眼耳鼻舌身意等六根。以依內六根故。對外色聲香味觸法等六塵。起眼耳鼻舌身意等六識。以依六識故。於色聲香味觸法中。起違想。順想。非違非順等想。生十八種受。

諸數皆從一數而起者。單一則不成數。一與一為二。二與一為三。三與一為四。四與一為五。乃至展轉無窮。無不從一起也。以一為本者。對一名二。而二之體。仍即是一。對二名三。而三之體。亦仍是一。對三名四。而四之體。亦仍是一。對四名五。而五之體。亦仍是一。乃至展轉無窮。無不當位各仍是一也。如來藏自性清淨心一實境界。以無二故。亦本非數。無明不了。謬念思惟。現妄境界。則成見相二分。譬如揑目。妄覩二月。所謂一與一為二。亦所謂無同異中熾然成異也。謂二月妄。別立一月為真。所謂二與一為三。亦所謂異彼所異。因異立同也。真妄相對。既已成三。則必更立非真非妄。所謂三與一為四。亦所謂同異發明。因此復立無同無異也。謂四句可説皆妄。則必別立不可説句。所謂四與一為五。亦所謂如是擾亂。相待生勞也。從此遂至不可窮詰。何非從一而起乎。又只此無盡妄數。一一當位。體常是一。皆即如來藏自性清淨心一實境界以為其體。更無別體。故云以一為本也。然無生而妄見有生。則一為生之始。無成而妄見有成。則六為成之始。儒者不了。謬云。天一生水。地六成之。不知吾心一念妄動。故不覺從一有五。非心外果有天也。又由吾心一念妄靜與妄動合。故不覺遂成六根。非心外果有地也。何以言之。妄動者。即能分別之見分。所謂謬念思惟也。妄靜者。即所取著之相分。所謂現妄境界也。思惟為能生。境界為能成。一得五而成六生水。即為耳根。二得五而成七生火。即為舌根。三得五而成八生木。即為眼根。四得五而成九生金。即為鼻根。五得五而成十生土。即為身根。總攬五根五塵以為相分。即為意根。六根頓成。實無次第先後。但依妄想。約數説耳。根塵相對而起六識。識之見分。還熏心種。識之相分。還熏色種。種恒生現。現恒熏種。由其集業有善不善非善不善三類差別。所熏種子至成熟位。報得現行六塵境界。各各有違有順及非違順。違名苦受。酬不善因。順名樂受。酬彼善因。非違非順名為捨受。酬彼非善不善無記之因。今以六輪表示六根六塵六識。以十八數表十八受。並從迷於一實境界而起。則知心外無法。不墮邪因及無因論。又顯六根塵識及十八受。皆依一實境界。以之為本。則知全妄即真。可悟惟心及真如觀矣。此中依文。似是先有一實境界。次有無明。次有妄境。次因集業方有六根。依根取塵方有六識。實則語不頓彰。說有先後。非果有次第也。設爾。則六根六識未起之前先有無明。此無明當與何等心王相應耶。今謂八識及諸心數之性。名為一實境界。無始以來從未悟故。名為根本無明。此根本無明。秖是第七識相應之微細法執及我執耳。因此法執我執。方於第八識體。頓現根身器界。由根境為緣。方發六識現行。而其六識種子。並是無始本具。非後方生也。初正示輪相竟。

（辛）二詳示占法二。初明自占。二明為他。（壬）初中二。初明占。二明察。（癸）初又二。初總示占法。二別示果報。（子）今初

若未來世佛諸弟子。於三世中所受果報。欲決疑意者。應當三擲此第三輪相。占計合數。依數觀之以定善惡。

（子）二別示果報三。初標徵。二詳列。三結指。（丑）今初

如是所觀三世果報善惡之相。有一百八十九種。何等為一百八十九種。

依輪三擲。總計共有一百八十九種差別。隨其所現一種數相。用決果報善惡也。

（丑）二詳列三。初有百六十數。明現世果報。二有十一數。明過去果報。三有十八數。明未來果報。（寅）今初

一者求上乘得不退。二者所求果現當證。三者求中乘得不退。四者求下乘得不退。五者求神通得成就。六者修四梵得成就（慈悲喜捨）。七者修世禪得成就（根本四禪）。八者所欲受得妙戒。九者所曾受得戒具。十者求上乘未住信。十一者求中乘未住信。十二者求下乘未住信。十三者所觀人為善友。十四者隨所聞是正法。十五者所觀人為惡友。十六者隨所聞非正教。十七者所觀人有實德。十八者所觀人無實德。十九者所觀義不錯謬。二十者所觀義是錯謬。二十一者有所誦不錯謬。二十二者有所誦是錯謬。二十三者所修行不錯謬。二十四者所見聞是善相。二十五者有所證為正實（十八）。二十六者有所學是錯

謬。二十七者所見聞非善相。二十八者有所證非正法。二十九者有所獲邪神持。三十者所能説邪智辯。三十一者所玄知非人力（謂妖鬼通。非道眼也）。三十二者應先習觀智道。三十三者應先習禪定道。三十四者觀所學無障礙。三十五者觀所學是所宜。三十六者觀所學非所宜。三十七者觀所學是宿習。三十八者觀所學非宿習。三十九者觀所學善增長。四十者觀所學方便少。四十一者觀所學無進趣。四十二者所求果現未得。四十三者求出家當得去。四十四者求聞法得教示。四十五者求經卷得讀誦。四十六者觀所作是魔事。四十七者觀所作事成就。四十八者觀所作事不成。四十九者求大富財盈滿。五十者求官位當得獲。五十一者求壽命得延年。五十二者求世仙當得獲。五十三者觀學問多所達。五十四者觀學問少所達。五十五者求師友得如意。五十六者求弟子得如意。五十七者求父母得如意。五十八者求男女得如意。五十九者求妻妾得如意。六十者求同伴得如意。六十一者觀所慮得和合。六十二者所觀人心懷恚。六十三者求無恨得歡喜。六十四者求和合得如意。六十五者所觀人心歡喜。六十六者所思人得會見。六十七者所思人不復會。六十八者所請喚得來集。六十九者所憎惡得離之。七十者所愛敬得近之。七十一者觀欲聚得和集。七十二者觀欲聚不和集。七十三者所請喚不得來。七十四者所期人必當至。七十五者所期人住不來。七十六者所觀人得安吉。七十七者所觀人不安吉。七十八者所觀人已無身。七十九者所望見得覲之。八十者所求覓得見之。八十一者求所聞得吉語。八十二者所求見不如意。八十三者觀所疑即為實。八十四者觀所疑為不實。八十五者所觀人不和合。八十六者求佛事當得獲。八十七者求供具當得獲。八十八者求資生得如意。八十九者求資生少得獲。九十者有所求皆當得。九十一者有所求皆不得。九十二者有所求少得獲。九十三者有所求得如意。九十四者有所求速當得。九十五者有所求久當得。九十六者有所求而損失。九十七者有所求得吉利。九十八者有所求而受苦。九十九者觀所失求當得。一百者觀所失求不得。一百一者觀所失自還得。一百二者求離厄得脱難。一百三者求離病得除愈。一百四者觀所去無障難。一百五者觀所去有障難。一百六者觀所住得安止。一百七者觀所住不得安。一百八者所向處得安快。一百九者所向處有厄難。一百一十者所向處為魔網。一百一十一者所向處難開化。一百一十二者所向處可開化。一百一十三者所向處自獲利。一百一十四者所游路無惱害。一百一十五者所游路有惱害。一百一十六者君民惡饑饉起。一百一十七者君民惡多疾疫。一百一十八者君民好國豐樂。一百一十九者君無道國災亂。一百二十者君修德災亂滅。一百二十一者君行惡國將破。一百二十二者君修善國還立。一百二十三者觀所避得度難。一百二十四者觀所避不脱難。一百二十五者所住處眾安隱。一百二十六者所住處有障難。一百二十七者所依聚眾不安。

一百二十八者閑靜處無諸難。一百二十九者觀怪異無損害。一百三十者觀怪異有損害。一百三十一者觀怪異精進安。一百三十二者觀所夢無損害。一百三十三者觀所夢有損害。一百三十四者觀所夢精進安。一百三十五者觀所夢為吉利。一百三十六者觀障亂速得離。一百三十七者觀障亂漸得離。一百三十八者觀障亂不得離。一百三十九者觀障亂一心除。一百四十者觀所難速得脫。一百四十一者觀所難久得脫。一百四十二者觀所難受衰惱。一百四十三者觀所難精進脫。一百四十四者觀所難命當盡。一百四十五者觀所患大不調。一百四十六者觀所患非人惱。一百四十七者觀所患合非人。一百四十八者觀所患可療治。一百四十九者觀所患難療治。一百五十者觀所患精進差。一百五十一者觀所患久長苦。一百五十二者觀所患自當差。一百五十三者觀所患向醫堪能治。一百五十四者觀所療是對治。一百五十五者所服藥當得力。一百五十六者觀所患得除愈。一百五十七者所向醫不能治。一百五十八者觀所療非對治。

一百五十九者所服藥不得力。一百六十者觀所患命當盡。

（寅）二有十一數明過去果報

一百六十一者從地獄道中來。一百六十二者從畜生道中來。

一百六十三者從餓鬼道中來。一百六十四者從阿修羅道中來。

一百六十五者從人道中而來。一百六十六者從天道中而來。

一百六十七者從在家中而來。一百六十八者從出家中而來。

一百六十九者曾值佛供養來。一百七十者曾親供養賢聖來。

一百七十一者曾得聞深法來。

（寅）三有十八數明未來果報

一百七十二者捨身已入地獄。一百七十三者捨身已作畜生。

一百七十四者捨身已作餓鬼。一百七十五者捨身已作阿修羅。

一百七十六者捨身已生人道。一百七十七者捨身已為人王。

一百七十八者捨身已生天道。一百七十九者捨身已為天王。一百八十者捨身已聞深法。一百八十一者捨身已得出家。一百八十二者捨身已值聖僧。一百八十三者捨身已生兜率天。一百八十四者捨身已生淨佛國。一百八十五者捨身已尋見佛。一百八十六者捨身已住〔十九〕下乘。一百八十七者捨身已住中乘。一百八十八者捨身已獲果證。一百八十九者捨身已入上乘。

二詳列竟。

（丑）三結指

善男子。是名一百八十九種善惡果報差別之相。

初明占竟。

（癸）二明察

如此占法。隨心所觀主念之事。若數合與意相當者。無有乖錯。若其所擲所合之數。數與心所觀主念之事不相當者。謂不至心。名為虛謬。其有三擲而皆無所見者。此人則名已得無所有也。

但能至心。無不相當。有不相當。秪因不至心耳。問若是已得無所有人。豈有疑惑而待占耶。答。俱解脫人。得無生智。則不待占。慧解脫人。但得盡智。設遇障緣。仍能暫退。故須占察也。如佛在世。有一羅漢將證頻退。至第七返。便自斷命而入涅槃。佛亦不能勸諭令止。故知三世果報。雖皆虛妄。瞖芶未盡。空華歷然。執之則墮邪常。撥之則為斷見。悟之則緣生無性。無性緣生。當下皆即事事無礙法界矣。初明自占竟。

（壬）二明為他二。初自欲觀他。二受他求請。（癸）今初

復次善男子。若自發意觀於他人所受果報。事亦同爾。

一切父母親緣。師徒同學。若存若亡。欲知各各三世果報。皆可至心代為占察也。

（癸）二受他求請又二。初明如法。二明不應。（子）今初

若有他人不能自占。而來求請欲使占者。應當籌量觀察自心。不貪世間。內意清淨。然後乃可如上歸敬修行供養。至心發願而為占察。

（子）二明不應又二。初斥其妨道。二明其虛謬。（丑）今初

不應貪求世間名利。如行師道以自妨亂。

如行師道。謂如世間卜相等師。行邪道也。邪人行正法。正法亦成邪故。

（丑）二明其虛謬

又〔二十〕若內心不清淨者。設令占察而不相當。但為虛謬耳。

既涉貪求。決無感應。大士所立妙法。斷不可假借也。二詳示占法竟。

（辛）三勸修至心

復次若未來世諸眾生等。一切所占。不獲吉善。所求不得。種種憂慮。逼惱怖懼時。應當晝夜常勤誦念我之名字。若能至心者。所占則

吉。所求皆獲。現離衰惱。

占雖不吉。若能至心稱名。亦可轉禍為福也。准此則所占雖吉。若恣情放逸。不更修善。亦當不久還受衰惱矣。噫。不依一實境界修二種觀。證無生忍。寧免三世果報哉。初示占察法竟。

占察善惡業報經疏卷上

助刻姓氏

玄義

常安　蔣思恩　姚氏各二兩

常淨薦父毋一兩五錢　成瓊　成道各一兩

德賢五錢

上卷

大俊　照瑞　成時　等慈　福具　靈晟各一兩

等觀　普芳　成乘　海乘　性旦　智淵　章淨學　施君煥各五錢

占察善惡業報經疏卷下

隋外國沙門菩提燈譯
古吳蕅益沙門智旭疏

（丙）二示進趣義二。初問。二答。（丁）今初

爾時堅淨信菩薩摩訶薩。問地藏菩薩摩訶薩言。云何開示求向大乘者進趣方便。

上來已為末世鈍根。巧設除疑轉障之法。然而障轉疑除之後。正可進趣大乘。欲趣大乘。必假方便。故今特問之也。

（丁）二答為二。初略示。二詳明。（戊）今初

地藏菩薩摩訶薩言。善男子。若有眾生欲向大乘者。應當先知最初所

行根本之業。其最初所行根本業者。所謂依止一實境界以修信解。因修信解力增長故。速疾得入菩薩種性。

最初所行根本之業。即大佛頂經所謂最初方便也。一實境界。謂如來藏自性清淨心。惟一實相。更無他物。即大佛頂經所謂陰入處界七大。本如來藏妙真如性也。依此不生不滅為本修因。然後圓成果地修證。中間永無諸委曲相。故能速入菩薩種性。

（戊）二詳明三。初示一實境界以開圓解。二示二種觀道以顯圓行。三示三忍四佛以彰圓位。（己）初中三。初標起。二廣釋。三總結。（庚）今初

所言一實境界者。

（庚）二廣釋三。初明體。二明相。三明藏。即體相用三大意也。體即法身。正因佛性。相即般若。了因佛性。藏即解脫。緣因佛性。體亦即空假中。不可思議。相亦即空假中。不可思議。藏亦即空假中。不可思議。故

云舉一即三。言三即一。非一非三。而一而三。不縱不橫。不並不別。是為一實境界也。又初明體。即同起信心真如門。二明相。三明藏。即同起信心生滅門。（辛）初明體二。初顯真。二會妄。真外無妄。故須顯真。妄外無真。故須會妄。真妄不二。乃為一實境界。（壬）初顯真又三。初顯性體。二顯性量。三顯性具。體即體大。量即相大。具即用大。即一而三。即三而一。此之謂也。（癸）初顯性體

謂眾生心體。從本以來。不生不滅。自性清淨。無障無礙。猶如虛空。離分別故。

眾生。指十法界一切有情也。十界眾生。同一心體。迷之而為蜎飛蠕動。心體無減。悟之而為諸佛菩薩。心體無增。以一切十界。從來無有二心。惟是一心真體。又一一含生。即具心之全體。非是心之少分。良由心體絕待。不可割裂。無有方隅。不思議故。譬如日光。偏照一切隙中。一一隙中。皆見日之全體大用。非是日之少分。又一

剎那中所見日光。即是亙古亙今日光。除此現前日光之外。更無過去未來日光。可別貯積何處。夫日光僅是色法。尚爾不可思議。況一心靈妙而不爾耶。又如人世歲朝。則普天下人同增一歲。秖一歲朝。人人各得其全。不可分此一歲以為多分。使天下人各得少分。又不可謂天下之人各增一歲。遂使共成多多歲朝。夫歲時僅是假法。尚爾不可思議。況一心實體而不爾耶。是故不論昬迷倒惑蠢動含靈。現前一念心體。無不從本以來不生不滅乃至離分別。故非待成佛之後。方證不生不滅乃至離分別也。從本不生不滅者。譬如瞖目見空中華。華即是空。故有瞖時。華本不生。縱瞖盡時華本不滅。以無實華可滅故也。眾生於無生滅中。妄見生滅。生實不生。滅實不滅也。從本自性清淨者。譬如煙霧騰於虛空。虛空之性原無垢染。眾生於清淨中。妄見垢染。垢染自性恒清淨也。從本無障無礙者。譬如方圓器妄現方圓空。空體原無方圓。眾生於無障礙體中。妄見障礙。障礙即無障礙也。猶如虛空離分別故者。譬如虛空。離四句。絕百非。不可謂有。不可謂無。無分際。無動搖。無形質。無方隅。無彼此。無內外。無生無滅。無垢無淨。無在無不在。離諸戲論。不可分別。一切眾生現前一念心性。亦如是也。此是直指現前一念昏迷倒惑心體本來如此。故云。一切眾生。皆證圓覺。又云。如來成正覺時。悉見一切眾生成正覺也。如此方是直指人心見性成佛。若離現前一念。別談真心。何異離波覓水耶。

（癸）二顯性量

平等普偏。無所不至。圓滿十方。究竟一相。無二無別。不變不異。無增無減。

此直指眾生現前一念心體。從來竪窮橫徧。不可區局也。現前一念。雖復覓之了不可得。而徧知一切根身器界。無有遺餘。譬如眼光。曉了前境。其光圓滿。得無憎愛。故云平等普偏無所不至圓滿十方也。又知色之時。知非是色。知聲之時。知非是聲。知香之時。知非是香。知味之時。知非是味。知觸之時。知非是觸。知法之時。知非是法。故云究竟一相也。又色聲香味觸法。無是知者。無非知者。不可分析。不可指陳。故云無二無別也。又髮白面皺。知體無皺。六塵遷滅。知體無遷。故云不遷不異也。又偏緣法界。知體不舒。清心戶堂。知體不縮。故云無增無減也。

（癸）三顯性具

以一切眾生心。一切聲聞辟支佛心。一切菩薩心。一切諸佛心。皆同不生不滅。無染無淨。真如相故。

此直指現前一念心體。法爾具足十法界也。一切眾生。即六凡法界。並聲聞。辟支。菩薩。諸佛。如此十界。皆同現前一念不生不滅無染無淨真如相故。除此現前一念心體之外。更無十法界心可得。是故若約諸佛。則餘九界。皆是佛心中之九界。九界無非佛心所具。若約地獄。則餘九界。亦皆地獄心中九界。九界無非地獄心中所具。中間八界。並可例知。譬如一室而有十燈。隨一燈光。必能偏攝餘九燈光同為一光。互在互融也。又一界既具九界。則彼九界。法爾亦必還各互具。便是百界。每界各論十如。便是千如。約五陰實法。亦具千如。約眾生假名。亦具千如。約依報國土。亦具千如。便是三千性相。總不離現前一念心體也。譬如一隙中之日光。頓攝日輪全體。則必偏攝百千隙中日輪全體同歸此一隙中。亦必將彼一一隙中日輪所有偏照百千隙之功能。同歸此一隙中。又必將彼過去未來一一剎那所有偏照偏在全體功能。並同歸此一隙一剎那中。斷斷不可分剖。無有分劑故也。初顯真竟。

(壬)二會妄三。初會妄即空。二會妄即假。三會妄即中。空則無非性量。假則無非性具。中則無非性體。前顯真時。則真該妄末。今會妄時。則妄徹真源。真該妄末。故一實無非境界。妄徹真源。故境界無非一實也。（癸）初會妄即空又二。初明覺知空。二明境界空。即五蘊本空也。

（子）今初

所以者何。一切有心起分別者。猶如幻化。無有真實。所謂識受想行。憶念緣慮覺知等法。種種心數。非青非黃。非赤非白。亦非雜色。無有長短方圓大小。乃至盡於十方虛空一切世界。求心形狀。無一區分而可得者。但以眾生無明痴暗熏習因緣。現妄境界。令生念著。所謂此心。不能自知。妄自謂有。起覺知想。計我我所而〔二一〕實無有覺知之相。以此妄心畢竟無體。不可見故。

識。即八識心王。受想。即偏行五數之二。行。即指餘四十九心數法。此等心心數法。雖有憶念緣慮覺知。而非顯色。故非青黃赤白雜色。亦非形色。故無長短方圓大小。亦非內外中間諸處。故無形狀區分可得。是則但有覺知之名。實無覺知之相。畢竟無體。覓之了不可得。如波以水為體。別無自體也。大佛頂經七處徵心。正欲顯此妄心無體。若達無體。必不悞認所推影子以為能推矣。

（子）二明境界空

若無覺知能分別者。則無十方三世一切境界差別之相。

前云熏習因緣。現妄境界。是由心生故。種種法生也。又云令生念著。是由法生故。種種心生也。然境界猶似可以指陳。妄心畢竟覓不可得。是奪心不奪境也。今明由分別故。妄見境界差別。既無覺知能分別者。那有境界為所分別。如無眼見。那得有色。如無耳聞。那得有聲。則是心境俱奪。五蘊皆空。非待滅而後空也。初會妄即空竟。

（癸）二會妄即假又三。初依心故境假。二依境故心假。三重顯唯心。

（子）今初

以一切法。皆不能自有。但依妄心分別故有。所謂一切境界。各各不自念為有。知此為自。知彼為他。是故一切法不能自有。則無別異。

唯依妄心。不知不了內自無故。謂有前外所知境界。妄生種種法想。謂有謂無。謂彼謂此。謂是謂非。謂好謂惡。乃至妄生無量無邊法想。當如是知一切諸法。皆從妄想生。依妄心為本。

不知不了內自無故者。謂妄認四大為自身相。妄認六塵緣影為自心相也。依此無內之內。虛妄分別無外之外。而生有無彼此是非好惡種種情謂。如是諸法。非實有生。但從妄想生耳。妄想尚不可得。況有所生法耶。但有假名境界而已。

（子）二依境故心假

然此妄心無自相故。亦依境界而有。所謂緣念覺知前境界故。說名為心。

此即所謂心本無生因境有也。然雖說名為心。究竟覓之了不可得。以非顯色形色。亦非內外中間故也。但有假名心心數法而已。

（子）三重顯唯心

又此妄心。與前境界。雖俱相依。起無先後。而此妄心。能為一切境界源主。所以者何。謂依妄心不了法界一相。故說心有無明。依無明力因故。現妄境界。亦依無明滅故。一切境界滅。非依一切境界自不了故。說境界有無明。亦非依境界故。生於無明。以一切諸佛於一切境界不生無明故。又復不依境界滅故。無明心滅。以一切境界。從本已來體性自滅。未曾有故。因如此義。是故但說一切諸法依心為本。

前明境界依妄心有。則是心生法生。可名唯心。次明妄心依境界有。則是法生心生。似非唯心之義。今故合明雖俱相依。仍以心為主也。當知境界依妄心有。是自證分為增上緣。轉成相分。妄心依境界有。是由相分為所緣緣。顯示見分。見相二分。起必同時。故無先後。而此妄心。總攝見分及內二分。同名為心。但指相分以為境界。見相俱依自證而起。是故離心無別境界。但說諸法皆依心也。問。既但唯心。何故台宗復云唯色唯香等耶。答。正以六塵相分。依自證起。體即是心。故唯色唯香。仍即唯心。不相違也。倘計色香別有自體。如何能使一切法趣。今依一心而有相見。種種相見。全體是心。故可互攝互入互徧互融耳。二會妄即假竟。

（癸）三會妄即中又二。初就義體會。二就緣起會。（子）今初

當知一切諸法。悉名為心。以義體不異。為心所攝故。

義不異者。同是因緣生法。同皆即空即假即中也。體不異者。同以三德秘藏為體也。為心所攝者。見相二分。皆依自證分起攝末歸本。總名唯識。唯識即唯心也。

（子）二就緣起會

又一切諸法。從心所起。與心作相。和合而有。共生共滅。同無有住。以一切境界。但隨心所緣。念念相續故。而得住持。暫時為有。

從心所起。即依自證分而起相分也。與心作相。即與見分為親所緣緣也。和合而有。謂不可分別心境之際畔也。共生共滅。謂剎那無

前後也。同無有住。謂心境無不初生即滅。終不遷至第二念也。第二念之心境。但與前念相似相續。所以似常似一。昧者不知。妄計為常一耳。初明體竟。

（辛）二明相三。初標名。二別釋。三會釋。（壬）今初

如是所說心義者。有二種相。何等為二。一者心內相。二者心外相。心內相者。復有二種。云何為二。一者真。二者妄。

上明眾生心體。體無分別。量周橫豎。具同十界。全妄即空假中。不可思議。那得論相。然以無相。無所不相。故得有二種相。當知二相即皆無相。所以名為相大也。心內相者。實非在內。但以自證分及證自證分。微妙幽密。不可見故。故名心之內相。心外相者。實非在外。但以相分及與見分。作用顯然。世共許故。故名心之外相。內相外相。同名為心。則心外更無他物也。又於內相分真妄者。真即諸心心數四分所依理體。亦名實相。此真雖徧內外二相。以微密故。

且名為內。妄即諸心心數各內二分。迷真而起。即以真如為體。無別自體。故名為妄。此妄亦無方隅分劑。以不可見。且名為內也。

（壬）二別釋三。初釋真。二釋妄。三釋外相。（癸）今初

所言真者。謂心體本相。如如不異。清淨圓滿。無障無礙。微密難見。以偏一切處常恒不壞。建立生長一切法故。

上明體中。則攝一切生滅同歸真如。以真如外無生滅故。今明相中。則攝一切真如同歸生滅。以生滅外無真如故。所言真者。猶起信論所言覺義也。心體本相者。即所謂離念相者。等虛空界。無所不偏。法界一相。故云如如不異清淨圓滿等也。秖此覺義。則能攝一切法。生一切法。故云建立生長一切法也。又如如不異。即性體。圓滿難見。即性量。建立生長。即性具。

（癸）二釋妄

所言妄者。謂起念分別覺知緣慮憶想等事。雖復相續。能生一切種種

境界。而內虛偽。無有真實。不可見故。

所言妄者。猶起信論所言不覺義也。起念即是業相。不覺心動。說名為業。即諸心心數。各有內二分也。分別覺知緣慮憶想。即能見相。諸心心數各有見分是也。所生一切境界。即境界相。諸心心數各有相分是也。而內虛偽無有真實者。依本覺故而有不覺。念無自相。不離本覺。若離覺性。則無不覺。故此不覺。別無真實自體可得見也。

（癸）三釋外相

所言心外相者。謂一切諸法種種境界等。隨有所念境界現前。故知有內心及內心差別。

隨有所念境界現前。即依自證分起相分也。故知有內心及內心差別。即由所緣相分。顯示有能緣見分也。相分如鏡像。見分如鏡光。故名心之外相。非謂在心外也。自證分如鏡面。證自證分如鏡背。故名心之內相。非謂在心內也。譬如鏡面鏡背。以銅為體。別無自體。故名為妄。本覺真如。譬如鏡銅。故名為真。以真收妄。則若背若面若光若像。無非是銅。即生滅門是真如門。依真起妄。則秖此一銅。為背為面為光為像。即真如門是生滅門。約相分別。則銅及背面皆屬於體。故名內相。光之與像皆屬於用。故名外相也。二別釋竟。

（壬）三會釋二。初直會外歸內。二就外相會理。（癸）今初

如是當知內妄相者。為因為體。外妄相者。為果為用。依如此等義。是故我說一切諸法悉名為心。

因果體用。統惟一心。心外無法。即顯此心無外之相。名為相大也。

（癸）二就外相會理又三。初會性體。二會性量。三會性具。（子）今初

又復當知心外相者。如夢所見種種境界。唯心想作。無實外事。一切境界。悉亦如是。以皆依無明識夢所見。妄想作故。復次。應知內心

念念不住故。所見所緣一切境界亦隨心念念不住。所謂心生故種種法生。心滅故種種法滅。是生滅相。但有名字。實不可得。以心不往至於境界。境界亦不來至於心。如鏡中像。無來無去。是故一切法。求生滅定相。了不可得。所謂一切法畢竟無體。本來常空。實不生滅故。

一切眾生。恒迷外相。不達惟心。所以更須會歸一理也。如夢所見下。是立喻。一切境界下。是法合。復次應知下。重明境界實不生滅。心生故種種法生。則但是心生。非別有法而得生也。心滅故種種法滅。則但是心滅。非別有法而可滅也。故曰。諸法從本來。常自寂滅相。又曰。是法住法位。世間相常住。如鏡中像。體秖是銅。生何曾生。滅何曾滅耶。

（子）二會性量

如是一切法實不生滅者。則無一切境界差別之相。寂靜一味。名為真

如第一義諦自性清淨心。彼自性清淨心。湛然圓滿。以無分別相故。

假如眼所見之一色。鼻所嗅之一香。此色此香。實不生滅。既不生滅。則無差別。即是寂靜一味。即是真如第一義諦。即自湛然圓滿。故云。一色一香。無非中道也。中道體無分劑。擴同太空。故名性量。色香既爾。法法皆然。

（子）三會性具

無分別相者。於一切處。無所不在。無所不在者。以能依持建立一切法故。

假如一色一香。擴同太空。無分別相。則必無所不在。普能依持建立一切諸法。故云。一切法趣色。是趣不過。一切法趣香。是趣不過也。依持建立。故名性具。色香既爾。法法亦然。夫一切法實不生滅。則因緣即中。一切法無分別相。則因緣即空。一切法皆能依持建立一切諸法。則因緣即假。相分尚爾。況見分耶。況自證分證自證分耶。諸心心數四分之相。同是一實境界之相明矣。二明相竟。

（辛）三明藏三。初就佛界明妙用。二就佛界明具九。三就迷悟明十界。

（壬）今初

復次。彼心名如來藏。所謂具足無量無邊不可思議無漏清淨功德之業。以諸佛法身。從無始本際來。無障無礙。自在不滅。一切現化。種種功業。恒常熾然。未曾休息。所謂徧一切世界。皆示作業。種種化益故。以一佛身。即是一切諸佛身。一切諸佛身。即是一佛身。所有作業。亦皆共一。所謂無分別相。不念彼此。平等無二。以依一法性而有作業。同自然化。體無別異故。

彼心。正指眾生現前一念心也。眾生現前一念心體。具足無漏功德之業。即是平等無二如來之藏。諸佛證此以為法身。不過全證眾生理本。此理從無始來。相本無障無礙。體本自在不滅。用本一切現化。非俟成佛。然後有也。但諸眾生。雖即同共依此法性。由妄分別。妄念彼此。故於一體橫計別異。諸佛已破我法二執。斷無明源。證此一性。故徧一切十方三世。所示作業。種種化益。亦皆共一也。

（壬）二就佛界明具九又三。初直明體徧。二立喻。三法合。（癸）今初

如是諸佛法身。徧一切處。圓滿不動故。隨諸眾生死此生彼。恒為作依。

眾生心體。既即諸佛法身。法身徧滿不動。當知即是眾生心體徧滿不動也。但眾生在迷不覺。故約諸佛所證以顯法身。秖此法身流轉六道。名曰眾生。設無諸佛法身以為所依。何處得有眾生死此生彼。

（癸）二立喻

譬如虛空。悉能容受一切色像種種形類。以一切色像種種形類。皆依虛空而有建立生長。住虛空中。為虛空處所攝。以虛空為體。無有能出虛空界分者。當知色像之中。虛空之界不可毀滅。色像壞時。還歸虛空。而虛空本界。無增無減。不動不變。

此借虛空以喻諸佛法身。借彼色像形類以喻眾生果報煩惱也。

（癸）三法合

諸佛法身。亦復如是。悉能容受一切眾生種種果報。以一切眾生種種果報。皆依諸佛法身而有建立生長。住法身中。為法身處所攝。以法身為體。無有能出法身界分者。當知一切眾生身中。諸佛法身亦不可毀滅。若煩惱斷壞時。還歸法身。而法身本界無增無減。不動不變。

此以諸佛法身。合虛空喻。以眾生果報。合彼色像形類喻也。依法身而建立生長。故名即假。為法身處所攝。故名即空。以法身為體。故名即中。眾生身中法身不可毀滅。故原無滅。煩惱斷時還歸法身。故亦無增也。由煩惱故。妄於法身之中。見有種種果報。果報似動。而法身不動。果報似變。而法身不變。譬如瞖目。見空中華。華相飛舞似動。而空本不動。華相生滅似變。而空本不變也。問曰。喻中既云色像壞時。還歸虛空。今法合應云果報壞時。還歸法身。胡乃云煩惱斷壞耶。答曰。果報無體。全以法身為體。由煩惱故。不見果報體即法身。若斷煩惱究竟盡時。便見身諸毛孔。量同虛空。徧含塵剎。不可思議。豈更有果報可壞。令其擴同頑空耶。問曰。設云果報壞時還歸法身。亦有何過。答曰。有過。若煩惱未斷。則果報壞時。復生異熟。何能證會法身。若煩惱斷時。則幻化空身。本即法身。何俟更壞果報。問曰。此則法喻有不齊過。答曰。凡言喻者。秖是少分相似。如雪山喻象。豈可責其尾牙。滿月喻面。豈可求其眉目。今以虛空而喻法身。豈可責其靈知寂照。當知衆生現前一念心體。即是諸佛所證究竟法身。絕待真常。不可為喻。但由煩惱自覆。有而不知。故不得已。須設衆喻。欲明舉體隨緣。則喻以如金鑄十界像。仍恐迷者謂有造作。謂有分劑。欲明對至即現。則喻以如鏡寫妍醜容。仍恐迷者謂有彼此。謂有內外。欲明迷悟無性。則喻以空華起滅。冰水互成。仍恐迷者謂迷能生悟。悟亦生迷。欲明智斷不壞。則喻以如金出鑛。如木成灰。仍恐迷者謂一分是常。一分無常。所以一切言詮。皆不能及。譬如盲人欲辨乳色。聞鶴謂動。聞雪謂冷。聞粖為軟。聞貝謂堅。種種憶想。終不能見乳之真色。圓覺經云。雲駛月運。舟行岸移。未證無為而辨圓覺。彼圓覺性即同流轉。此之謂也。今不得已。更助觀心一釋。令有智者。直下薦取。現前一念心體。悉能容受一切眾生種種果報。以一切眾生種種果報。皆依現前一念心體而有建立生長。住於現前一念心體之中。為現前一念心體所攝。以現前一念心體為體。無有能出現前一念心體界分者。當知一切眾生身中現前一念心體。不可毀滅。若煩惱斷壞時。還證現前一念心體。而現前一念心體本界。無增無減。不動不變。思之思之。問。若果報即是法身。不須滅者。則煩惱即是般若。亦何須斷。答。若知煩惱即是般若。般若現前。無復煩惱。名煩惱滅。乃是非滅非不滅而論滅耳。豈真有煩惱實體而可滅耶。又問。若煩惱非滅非不滅而得論滅。則果報亦非滅非不滅。何不論滅。答。煩惱如形。果報如影。煩惱如聲。果報如響。煩惱如目瞖。果報如空華。故但論煩惱滅。不須更論果報滅也。問。以虛空喻諸佛法身。幾義相似。幾不相似。答。一無始終。二不生滅。三無處不徧。四包容無外。五無障無礙。六不可撮摩。此是似義。一虛空頑然。法身真覺。二虛空但名。法身有體。三虛空凝然不變。法身舉體隨緣。四虛空蕩無一物。法身具無邊德。五虛空與色為二。法身眾生不二。六虛空但是心心數之相分。法身總攝心心數之四分。四分無非法身體故。此即不相似也。若能了達四分無非法身。則此虛空相分。亦即法身全體。非是法身少分。所以芥子中空。便同十方太空。便同十界眾色。此豈煩惱情謂所計對色之空也哉。二就佛界明具九竟。

（壬）三就迷悟明十界又二。初明迷悟差別。二明究竟平等。（癸）初又二。初約無明熏習有六凡。二約法身熏習有四聖。（子）今初

但從無始世來。與無明心俱。痴暗因緣熏習力故。現妄境界。以依妄境界熏習因緣故。起妄相應心。計我我所。造集諸業。受生死苦。說彼法身名為眾生。

無明心者。依本覺故而有不覺。即根本住地無明。所謂界外同體惑也。由此根本無明痴心所故。令法身體。舉體而為業相。即成諸心心數自證分及證自證分之內體也。痴暗因緣熏習力故。現妄境界者。即無明熏真如體。令彼心心數體。幻成見相二分也。依妄境界熏習因緣。乃至計我我所者。從根本無明法執。而起枝末無明我我所執。所謂界內見思惑也。造集諸業者。無明緣行。造於有漏善惡不動三種業也。受生死苦者。三界分段生死。樂是壞苦。苦是苦苦。不樂不苦是行苦也。即是法身流轉六道。故名眾生。設無法身。即無眾生之名可得矣。

（子）二約法身熏習有四聖

若如是眾生中。法身熏習而有力者。煩惱漸薄。能厭世間。求涅槃道。信歸一實。修六波羅蜜等一切菩提分法。名為菩薩。若如是菩薩中。修行一切善法滿足。究竟得離無明睡者。轉名為佛。

法身熏習者。即以本覺之性而為法身。由眾生無不具此本覺性故。得受有漏聞思修等熏習。由熏習力為增上緣。資本覺性。令起無漏出世間智。更不資熏煩惱種子。故得煩惱漸薄。由煩惱薄。故能厭離世間虛偽果報。厭離雖同。發心有異。若其無始法執重者。則先求涅槃道。若其無始法執輕者。則能信歸一實。若約發心差別。則求涅槃者。名為二乘。信一實者。乃名菩薩。若約究竟所行。則一是漸悟。一是頓悟。同名菩薩也。究竟離無明睡。即轉名佛。設無眾生。亦無菩薩佛可得矣。初明迷悟差別竟。

（癸）二明究竟平等

當知如是眾生菩薩佛等。但依世間假名言說故而有差別。而法身之

體。畢竟平等。無有異相。

法身喻如濕性。眾生如冰。佛如純水。二乘菩薩。如冰漸泮而未盡也。冰之濕性無減。水之濕性無增。故云畢竟平等。可謂但轉其名無實性矣。二廣釋竟。

(庚)三總結

善男子。是名略說一實境界義。

合前心體心相及如來藏三義。乃可略顯一實境界。以為進趣最初方便也。初示一實境界以開圓解竟。

(己)二示二種觀道以顯圓行二。初正明二觀。即圓正行。二曲為障緣。即圓方便助行。(庚)初中三。初總標。二別釋。三料簡。(辛)今初

若欲依一實境界修信解者。應當學習二種觀道。何等為二〔二二〕。**一者唯心識觀。二者真如實觀。**

(辛)二別釋二。初釋唯心識觀。二釋真如實觀。(壬)初中三。初正示

觀門。二觀成勝進。三結觀功能。（癸）初又三。初觀境唯心。二善知心相。三觀門成就。（子）初又三。初示所觀境。二示能觀觀。三勸修簡過。（丑）今初

學唯心識觀者。所謂於一切時一切處。隨身口意有所作業。

一切時。謂行住坐臥等時。一切處。謂見色聞聲等處。隨身口意有所作業。謂做作語言攀緣等業。以要言之。不出六行六境。一一無非所觀境也。六行者。一行。二住。三坐。四臥。五語言。六做作。六境者。一見色。二聞聲。三嗅香。四受味。五覺觸。六知法。於此十二事中。並須修學唯心識觀。

（丑）二示能觀觀

悉當觀察。知唯是心。乃至一切境界。若心住念。皆當察知。勿令使心無記攀緣。不自覺知。於念念間。悉應觀察。隨心有所緣念。還當使心隨逐彼念。令心自知。知己內心自生想念。非一切境界有念有分

別也。所謂內心自生長短好惡。是非得失。衰利有無等見。無量諸想。而一切境界。未曾有想起於分別。當知一切境界自無分別想故。即自非長非短。非好非惡。乃至非有非無。離一切相。如是觀察。一切法唯心想生。若使離心。則無一法一相而能自見有差別也。

此唯心識觀。乃是破法執之利刀。燒煩惱之猛焰。證涅槃之要津。成菩提之秘訣。至簡至易。至妙至玄。子科有五。初云悉當觀察知唯是心者。總示唯心止觀門也。次云乃至一切訖不自覺知。示分別性觀門也。心若住念於一切境。則成徧計所執。名分別性。今即察知。勿令無記攀緣不覺。故名為觀此言無記。與三性中無記不同。三性中無記性者。於善不善不可記別。故名無記。今以唯心識觀守記內心。名之為記。若復忘失唯心識觀。妄想攀緣計有外境。名為無記也。三云於念念間訖令心自知。示分別性止門也。悉應觀察。謂當觀察知唯是心。正大乘止觀所明強觀諸法唯是心相。虛狀無實也。還當使心隨逐彼念令心自知者。正大乘止觀所謂次第以後念破前念令知無實念也。然亦不可妄計前念為所觀。後念為能觀。以後念起時。前念已滅。不得成所觀境。但借前念之非實。以知後念之本虛。仍是當念為能觀。後念為所觀。由此能觀。令於所觀不起實執耳。四云知己內心訖起於分別。示依他性中觀門也。內心自生想念。謂長謂短。謂好謂惡。謂是謂非。謂得謂失。謂衰謂利。謂有謂無。於依他起而成徧計。而諸境界。本無有念。亦無分別。不過皆是自心之相分耳。五云當知一切已下。示依他性中止門也。一切諸法。既唯自心相分。則有即非有。無生無滅。並不執此虛相矣。言一切境界即自非長非短等者。且如有境於此。短者視之。則以為長。境非長也。長者視之。則以為短。境非短也。喜者視之。則以為好。境非好也。厭者視之。則以為惡。境非惡也。同想視之。則以為是。境無是也。異想視之。則以為非。境無非也。虛妄攝受。則以為得。境非得也。虛妄分離。則以為失。境非失也。違其妄情。則以為衰。境非衰也。順其妄情。則以為利。境非利也。計彼是實。則以為有。境非有也。計彼是虛。則以為無。境非無也。譬如同在一處。天見瑠璃。魚見窟宅。人見清水。鬼見膿血炭火。離彼四類有情心想。何嘗別有法相可得。又如同一美女。有欲男子視之。以為妙好。等輩妬婦視之。以為怨家。魚見之深入。鳥見之高飛。麋鹿見之決驟。不淨觀人視之。以為行廁。出世聖人視之。知其本空。入假菩薩視之。知其能為十界染淨緣起。佛眼視之。知即法界實相。舉此一法。總不出於十界各自心量。心外無境。一切諸法。例皆可知。攝法歸心。則心外無法。因緣即空也。心生想念。則法隨心現。無量差別。因緣即假也。法唯心生。以心為體。非有非無。離一切相。本無差別。不生不滅。因緣即中也。若能念念如此觀察。則何執不破。何惑不消。執破惑消。朗然大覺。方知諸法本來寂滅。不復更滅矣。

（丑）三勸修簡過又二。初勸修。二簡過。（寅）今初

常應如是守記內心。知唯妄念。無實境界。勿令休廢。是名修學唯心識觀。

守者。不令馳散。即是定也。記者。恒令分明。即是慧也。內心者。不念前境。了知心外無法。故名為內。非枯守一腔之謂。不可不知。

（寅）二簡過

若心無記。不知自心念者。即謂有前境界。不名唯心識觀。

設有外境當情。即是慧心失照。不可不覺察也。初觀境唯心竟。

（子）二善知心相

又守記內心者。則知貪想。瞋想。及愚痴邪見想。知善。知不善。知無記。知心勞慮種種諸苦。

衆生無始以來。由於自心所現境界不了知故。但能內外妄生分

別。不能反觀內自心相。今由善修唯心識觀。知境唯心。心不外馳。故想起即知。不隨想而漂墮也。貪瞋邪見。根本三毒。一起便知。知便不令相續。阿含經中所以貴知惡也。與信慚等善法相應。名之為善。與無慚等惡法相應。名為不善。俱不相應。名為無記。知此三性差別。則必能斷不善無記。令其恒善。知心勞慮種種諸苦。則必能息虛妄塵勞。令證寂滅一心法界矣。

（子）三觀門成就

若於坐時。隨心所緣。念念觀知唯心生滅。譬如水流燈焰。無暫時住。從是當得色寂三昧。

前論修觀。通一切時及一切處。今約入定。則四威儀中。坐為最勝也。知惟心生。則色本無生。知唯心滅。則色本無滅。故得色寂三昧。又心生滅相。譬如水流燈焰無暫時住。則剎那才生。無間即滅。無容從此轉至餘方。既無動轉。心相本寂。心既本寂。色豈不然。觀色唯心而悟本寂。故名色寂三昧。非謂色寂而心不寂也。得此三昧。是圓五品觀行即佛。初正示觀門竟。

（癸）二觀成勝進又三。初總示應修。二別示二觀。三結示利益。

得此三昧已。次應學習信奢摩他觀心。及信毗婆舍那觀心。

從事入理。名奢摩他。即一心三止也。從體起用。名毗婆舍那。即一心三觀也。二皆名觀心者。皆有智慧照了故也。皆言信者。指圓十信位中不二妙止觀也。前於名字位中。修行唯心識觀。而登五品色寂三昧。非無一心不二止觀但以定慧未深。未得名信。今既得此色寂三昧。觀行位極。故應學習信二觀心。念念冥理。念念起用。令其平等正直。速登佛慧也。

（子）二別示二觀又二。初奢摩他。二毗婆舍那。（丑）今初

習信奢摩他觀心者。思惟內心不可見相。圓滿不動。無來無去。本性不生不滅。離分別故。

修行唯心識觀已。能了達實無外境。唯有內心。今即思惟此內心相。覓之了不可得。故不可見。是即空也。橫徧十方。故圓滿不動。豎窮三際。故無來無去。是即假也。體即法身。法界常住。故本性不生不滅。離於分別。是即中也。一念內心。本是因緣生法。觀其即空假中。無一事而非理。故名奢摩他觀。此觀徧能止息三惑。徧能停止三境。徧不分別止與不止。是故亦名一心妙止。

（丑）二毗婆舍那

習信毗婆舍那觀心者。想見內外色。隨心生。隨心滅。乃至習想見佛色身。亦復如是。隨心生。隨心滅。如幻如化。如水中月。如鏡中像。非心。不離心。非來。非不來。非去。非不去。非生。非不生。非作。非不作。

先知境界唯心。又知此心即空假中。則無事而非理矣。事既即理。理能成事。故設欲想見內色生。則內色便隨心生。設欲想見內色滅。則內色便隨心滅。設欲想見外色生滅。亦復如是。具如八背捨八勝處十一切處所明也。所執受色。名為內色。不執受色。名為外色。背捨勝處及一切處。小乘修之。止名不壞法觀。今以圓解修之。便成圓行也。乃至習想見佛色身者。觀想三十二相。八十種好等事。中間超略餘九法界。及與佛界依報眷屬等想。故云乃至也。如此若自若他十界色像。無不隨心而生。隨心而滅。從體起用。轉變自在。一一皆如幻化水月鏡像。非有似有。有而非有也。巧術力故。種種變現。名之為幻。心是能幻。十法界色皆所幻也。神通力故。無而示有。名之為化。心是能化。十法界色皆所化也。此心如水。十界月影恒於中現。而非外來。此心如鏡。十界形像對至即現。而無出入。心本無色。故十界色一一非心。由心有色。故十界色皆不離心。心外無色。故十界色皆悉非來。心生色生。故十界色皆非不來。色秖是心。故十界色皆悉非去。心滅色滅。故十界色皆非不去。有而不有。故十界色皆即非生。不有而有。故十界色皆非不生。緣起無性。故十界色皆即非作。無性緣起。故十界色皆非不作。即中之空假。名為非不來非不去非不生非不作。是心作十界色也。即空假之中。名為非來非去非生非作。是心是十界色也。隨於背捨勝處及一切處乃至佛身觀中。一一了達一心三觀。故名毗婆舍那。此觀偏能觀穿三惑。偏能觀達三諦。偏不分別觀與不觀。是故亦名一心妙觀。二別示二觀竟。

（子）三結示利益

善男子。若能習信此二觀心者。速得趣會一乘之道。

二觀成勝進竟。

（癸）三結觀功能

當知如是唯心識觀。名為最上智慧之門。所謂能令其心猛利。長信解力。疾入空義。得發無上大菩提心故。

了知心外無法。而修一心圓頓止觀。從五品位。增長信解而登六根淨位。則得疾入第一義空。不墮凡夫及二乘地。任運三心圓發。入圓初住。名為無上大菩提心也。初釋唯心識觀竟。

（壬）二釋真如實觀三。初正示觀門。二觀成勝進。三結觀功能。（癸）初中三。初明觀法。二明所超。三明觀成。（子）今初

若學習真如實觀者。思惟心性無生無滅。不住見聞覺知。永離一切分別之想。

前依他性止門。已知一切法唯心想生。唯心生滅。無暫時住。今即因此而入真實性中觀門。故云思惟心性無生無滅也。何者。不了法界。似有心生。生時覓之了不可得。則性即無生。既無有生。云何有滅。滅則無心。而心性非無。故無滅也。次入真實性中止門。故云不住見聞覺知。何者。心性雖無生滅。本非色聲香味觸法。如何可得見聞覺知。設有可見可聞可覺可知。便非心性。以心不自知心。心不自見心故。又復不得別認不可見聞覺知境界以為心性。故云永離一切分

別之想。何者。心性雖復不可見聞覺知。而見聞覺知。體即是心。不可別喚不見不聞不覺不知境界以為心也。

（子）二明所超

漸漸能過空處。識處。無少處。非想非非想處等定境界相。得相似空三昧。

觀行位中習此真如實觀。直觀心性。永離分別。則雖不學次第禪門。自漸能超四空定境。以彼四空定境。皆不能離分別想故。且如入空處定者。必先厭患色籠。修觀破色。緣無邊空而入於定。定心與彼空處相應。住此覺知。是分別想。非無分別也。次入識處定者。必先厭患虛空。捨空緣識而入於定。定心與彼識處相應。住此覺知。亦是分別。非無分別也。次入無少處定者。亦名無所有處。必先厭患於識。捨識緣無所有而入於定。定心與彼無所有處相應。住此覺知。亦是分別。非無分別也。次入非想非非想處定者。必先厭患無所有處。

捨無所有想。緣非想非非想而入於定。定心與彼非想非非想處相應。住此微細覺知。猶復是分別想。非無分別。所以報盡還墮。不證真常也。今修真如實觀。永離一切分別之想。所以觀行位中。即已善超三有。而得相似空三昧門。

（子）三明觀成

得相似空三昧時。識想受行粗分別相不現在前。從此修學。為善知識大慈悲者守護長養。是故離諸障礙勤修不廢。展轉能入心寂三昧。

既登觀行一品。即能圓伏五住煩惱。故心心數粗分別相不現在前。十方諸佛菩薩真善知識。同皆守護。令得長養。乃至能入心寂三昧。由觀心性無生無滅而入三昧。故名心寂。心寂則色亦寂矣。初正示觀門竟。

（癸）二觀成勝進又二。初證入。二離過。（子）今初

得是三昧已。即復能入一行三昧。入是一行三昧已。見佛無數。發深

廣行心。住堅信位。所謂於奢摩他毗婆舍那二種觀道決定信解。能決定向。

心寂色寂。是五品之終。一行三昧。是十信之始。觀行位極。相似解發。故云即復能入也。言一行者。圓信圓解。一行即一切行。一切行即一行。所謂繫緣法界。一念法界。法界無外。更無餘行。以即空故。名圓聖行。以即假故。名圓梵行及嬰病行。以即中故。名圓天行。又事即理故。一心圓具聖梵天行。體即用故。一心圓興嬰兒病行。又入一行三昧。即前所明信奢摩他觀心。見佛無數發深廣行心。即前所明信毗婆舍那觀心。由此一心圓頓止觀。住六根淨堅信位中。此但名為決定信解。決定能向一乘大菩提心。登圓住也。圓住以上。乃名真實奢摩他毗婆舍那道故。

（子）二離過

隨所修學世間諸禪三昧之業。無所樂著。乃至徧修一切善根菩提分

法。於生死中無所怯畏。不樂二乘。

圓教堅信位人。仍有二種。一者直修頓觀。中中流入。二者或修漸及不定兩觀。雙照二邊。雖照二邊。恒契中道。故學世間禪三昧時。不同凡夫之著有。修出世間菩提分時。不同二乘之樂空也。二觀成勝進竟。

（癸）三結觀功能

以依能習向二觀心最妙巧便。眾智所依。行根本故。

明此真如實觀。乃是能向奢摩他毗婆舍那二觀心之最妙巧便。依此得成一心三智。故是眾智所依。從此發生五行萬行。故是行之根本也。二別釋二觀竟。

（辛）三料簡

復次修學如上信解者。人有二種。何等為二。一者利根。二者鈍根。其利根者。先已能知一切外諸境界。唯心所作。虛誑不實。如夢如幻

等。決定無有疑慮。陰蓋輕微散亂心少。如是等人。即應學習真如實觀。其鈍根者。先未能知一切外諸境界。悉唯是心。虛誑不實故。染著情厚。蓋障數起。心難調伏。應當先學唯心識觀。

雖依一實境界以修信解。並屬圓教名字位人。而此圓人。仍有利鈍。若久熏圓解。知境唯心。五濁習輕者。則陰蓋輕微。散亂亦少。所以即可體達識心本寂。了知三千宛然即空假中。名為學習真如實觀也。若初獲圓聞。染情尚厚。五濁習重者。則蓋障數起。心難調伏。所以必須照於起心變造十界。知其無不即空假中。名為先學唯心識觀也。然鈍根之人。不可即修真如實觀。而利根之人。不妨亦修唯心識觀。但以理攝事。則名真如實觀。從事入理。則名唯心識觀耳。設欲捨事觀理。則既非唯心識觀。又非真如實觀。所以大乘止觀。深誡初心之人。不可越前二性。徑依第三性修。但可念念之中三番並學。資成第三番也。准此。則名字位中。止可先習唯心識觀。以其未能不起九界心故。觀行初品。便可隨意修此二觀。若起九界心時。則觀唯識。若不起九界心時。則觀真如。觀唯識。則色寂而心亦寂。觀真如。則心寂而色亦寂也。初正明二觀竟。

（庚）二曲為障緣三。初現離障緣。二求生淨土。三結歎方便。（辛）初中三。初明障緣。二示方便。三明得離。（壬）今初

若人雖學如是信解。而善根業薄。未能進趣。諸惡煩惱。不得漸伏。其心疑怯。畏墮三惡道。生八難處。畏不常值佛菩薩等。不得供養聽受正法。畏菩提行難可成就。有如此疑怖及種種障礙等者。

雖學如是信解。謂依一實境界而學信解。亦即名字初心人也。淨熏習淺。故善根業薄。染熏習厚。故煩惱不伏。此須四句料簡。自有善根厚而煩惱薄者。如前即應學習真如實觀者是也。自有善根厚而煩惱厚者。如前應當先學唯心識觀者是也。若善根雖薄。煩惱亦薄者。事可兩向。以煩惱薄故。可習真如實觀。以善根薄故。或先學唯心識

觀也。今為善根薄而煩惱厚者。多疑多障。並不能即修唯心識觀。須為別示善巧方便也。

（壬）二示方便又三。初稱名字。二觀法身。三修厭離。稱名字者。即附淨分分別依他二性止觀以助唯心識觀。對治不常值佛菩薩聽法之畏。觀法身者。即附淨分真實性之止觀以助真如實觀。對治菩提行難可成就之畏。修厭離者。正破染分分別依他二性。成就唯心識觀。漸伏煩惱。對治三惡八難之畏也。（癸）今初

應於一切時一切處。常勤誦念我之名字。

諸佛菩薩真實功德。通別名號。並由證真實性。稱性所成緣起作用。能與眾生作增上緣。眾生不了。計有心外佛菩薩名。即為淨分分別性攝。若知名號。是我自心所現相分。即為淨分依他性攝。能於一切時處常勤誦念。勿令間斷。則心不散亂。名為妙止。名號歷然。名為妙觀。便可助顯唯心識觀。兼有滅障勝功能矣。

（癸）二觀法身

若得一心。善根增長。其意猛利。當觀我法身。及一切諸佛法身。與己自身。體性平等。無二無別。不生不滅。常樂我淨。功德圓滿。是可歸依。

若得一心善根增長者。由前一切時處勤念稱名。伏除昏散也。昏散既除。意即猛利。堪依一實境界以修信解。觀察地藏大士。及一切諸佛。同皆證此現前一念自性清淨心如來之藏以為法身。我身亦復全攬自性清淨心如來之藏以為其體。迷悟雖殊。性恒平等。生佛唯此一心。故無二。不因迷悟而有隔異。故無別。無始成就。故不生。永永常住。故不滅。無對待。故常。無所受。故樂。無戲論。故我。無所離。故淨。性具不可思議無漏清淨之業究竟顯發。故功德圓滿。是則歸依大士及佛。全即歸依自心。故云自歸依佛。自歸依法。自歸依僧也。除自法外。更於何處別有三寶可歸依耶。一切歸依三寶。無論達與不達。尅實論之。皆是自歸依耳。

（癸）三修厭離

又復觀察己身心相。無常。苦。無我。不淨。如幻如化。是可厭離。

現前一念心性。本與大士諸佛體同。而由無始迷惑。妄認四大為己身相。妄認六塵緣影為己心相。譬如棄海認漚。安得不於常住之中妄見無常。樂中受苦。自在性中。不得自在。清淨性中妄成雜染。而此無常苦無我不淨之妄身妄心。仍依現前一念心性而起。但如幻化。非別有實。何乃被此虛誑不實身心所惑。而起諸惡煩惱耶。修此厭離。對治分別染著。則能成就二種觀道也。二示方便竟。

（壬）三明得離

若能修學如是觀者。速得增長淨信之心。所有諸障。漸漸損減。何以故。此人名為學習聞我名者。亦能學習聞十方諸佛名者。名為學至心禮拜供養我者。亦能學至心禮拜供養十方諸佛者。名為學聞大乘深經

者。名為學執持書寫供養恭敬大乘深經者。名為學受持讀誦大乘深經者。名為學遠離邪見。於深正義中不墮謗者。名為於究竟甚深第一實義中學信解者。名為能除諸罪障者。名為當得無量功德聚者。此人捨身。終不墮惡道八難之處。還聞正法。習信修行。亦能隨願往生他方淨佛國土。

學如是觀。雙指法身及厭離觀也。現前一念之心。即是依他起性。今觀法身。則能顯出依他性中圓成實性。復修厭離。則能除滅依他性中偏計執性。由顯圓成。則淨信增長。由除偏計。則諸障損滅也。何以故下。歎其善學。蓋我及十方諸佛。不過轉滅依他中之偏計。令其淨盡。轉顯依他中之圓成。令其滿足。秖此所顯圓成實性。名為一體三寶。亦名究竟甚深第一實義。何者。如如之理。名為法寶。如如之智。名為佛寶。理智不二。名為僧寶。滿證一體三寶者。名為十方諸佛。分證一體三寶者。名為諸大菩薩。詮顯一體三寶者。

名為大乘深經。聞此一體三寶而不疑惑。名為聞慧。觀察一體三寶而無滯礙。名為思慧。念念覺此一體三寶而無間斷。名為修慧。今此行人。既能一心稱名。觀察法身。厭離妄執。則聞地藏洪名。即為偏聞十方佛名。禮拜供養地藏。即為偏禮偏供十方諸佛。可謂佛不說法。恒聞梵音。口無言聲。偏誦眾典。手不執卷。常演是經。心不思惟。普照法界矣。有何罪障而不除。有何功德而不滿。有何惡趣門而不閉。有何淨佛土而不生耶。初現離障緣竟。

(辛)二求生淨土

復次若人欲生他方現在淨國者。應當隨彼世界佛之名字。專意誦念。一心不亂。如上觀察者。決定得生彼佛淨國。善根增長。速獲不退。

上文既明求離障緣者。修三方便。不惟現離諸障。兼能隨願往生。今更特明求生淨土者。若能修三方便。不惟決生淨土。亦能現獲不退也。專意誦念彼佛名字。令離昏散。即名一心不亂。即是稱名方便也。如上觀察。即觀法身及修厭離二方便也。具三方便。則捨身定生彼國。現在善根增長。速獲不退。故知持名有大功德。不可視作淺近法門。

（辛）三結歎方便二。初歎一心業勝。二簡雜亂益微。（壬）初又二。初正歎。二結釋。（癸）今初

當知如上一心繫念思惟諸佛平等法身。一切善根中。其業最勝。所謂勤修習者。漸漸能向一行三昧。若到一行三昧者。則成廣大微妙行心。名得相似無生法忍。

依於一實境界以開圓解。知十方佛我及眾生。同一淨心為體。是名一心。常勤稱念佛之名字。是為繫念。觀於諸佛法身與己平等。是為思惟諸佛平等法身。此於一切善根。則為最勝。故阿彌陀經云。不可以少善根福德因緣。得生彼國。執持名號。一日乃至七日。一心不亂。即得往生。由此執持名號。即是多善根福德因緣故也。上明修二

觀者。須得色寂心寂三昧。方能入於一行三昧。今即以繫念名字而當唯心識觀。思惟法身而當真如實觀。故即能向一行三昧也。了達一心而持名號。其功若此。奈何弗信。

以能得聞我名字故。亦能得聞十方佛名字故。以能至心禮拜供養我故。亦能至心禮拜供養十方諸佛故。以能得聞大乘深經故。能執持書寫供養恭敬大乘深經故。能受持讀誦大乘深經故。能於究竟甚深第一實義中不生怖畏。遠離誹謗。得正見心。能信解故。決定除滅諸罪障故。現證無量功德聚故。

謂由圓聞圓思圓修。所以能到一行三昧也。聞我名。聞十方佛名。聞大乘深經。即名字位中聞慧也。至心禮拜供養我及諸佛。執持讀誦大乘深經。不生怖畏。得正見心。即觀行位中思慧也。決定除滅罪障。現證無量功德。即相似位中修慧也。

（癸）二結釋

所以者何。謂無分別菩提心。寂靜智現。起發方便業種種願行故。能聞我名者。謂得決定信利益行故。乃至一切所能者。皆得不退一乘因故。

無分別菩提心。即信解一實境界之心也。寂靜智現。即習信奢摩他觀也。起發方便業種種願行。即習信毗婆舍那觀也。由得決定信利益行。方為能聞我名。由得不退一乘因。方為能至心禮拜等一切所能。初歎一心業勝竟。

（壬）二簡雜亂益微又二。初聞猶不聞。二修猶不修（癸）今初

若雜亂垢心。雖復稱誦我之名字。而不名為聞。以不能生決定信解。但獲世間善報。不得廣大深妙利益。

不達心外無法。名之為雜。自心還取自心。名之為亂。妄起種種染著。名之為垢。所以雖復稱誦。不得為聞。以未聞地藏二字之實義故。地即心地。藏即性藏。心性無二。安得有雜。既本無雜。何由有

亂。既已無亂。何得有垢。今彼不達無二心性。所以本無雜亂垢中。妄成雜亂垢障。不聞地藏之圓名也。若於名字位中。圓聞一實境界而生於慧。則心無雜。隨於觀行位中。圓思唯識真如而生於慧。則心無亂。次於相似位中。圓修一行三昧而生於慧。則心無垢乃成決定信解也。然雖雜亂垢心稱誦名字。亦獲世間種種善報。所謂現離衰惱。後生人天。漸漸熏習。終成佛道。但現前不能即得廣大深妙利益耳。

（癸）二修猶不修

如是雜亂垢心。隨其所修一切諸善。皆不能得深大利益。

意顯若開圓解。則隨所修善。皆得大益。所謂圓人受法。無法不圓也。二示二種觀道以顯圓行竟。

（己）三示三忍四佛以彰圓位三。初總標。二別釋。三簡修。（庚）今初

善男子。當知如上勤心修學無相禪者。不久能獲深大利益。漸次作佛。

無相禪。即指依於一實境界所修唯識真如二種觀也。此二種觀。無生死相。無涅槃相。故名無相。而悉具足止觀定慧。故名為禪。梵語禪那。此翻靜慮。靜即止定。慮即觀慧。亦即寂照之異名也。深大利益。意指功德莊嚴。漸次作佛。意指智慧莊嚴。又利益約忍。約無間道。作佛約智。約解脫道也。

（庚）二別釋二。初釋利益。二釋作佛。（辛）初又二。初明入位。二釋忍義。（壬）今初

深大利益者。所謂得入堅信法位。成就信忍故。入堅修位。成就順忍故。入正真位。成就無生忍故。

十發趣心。名堅信忍。十長養心。名堅法忍。十金剛心。名堅修忍。今但合稱為堅修位。體性十地。名無生忍。分證法身。名入菩薩正位也。然諸經明忍。開合多少不同。大小橫豎亦異。今須略辯。以示方隅。復須以義定名。令其不濫。共為三意。一列名。二解釋。三

結屬。一列名者。或明二忍。謂一生忍。二法忍。或明三忍。如此文或明四忍。謂一伏忍。二順忍。三無生忍。四寂滅忍。或明五忍。謂加第二信忍。或明六忍。謂加第三和從忍。順為第四也。二解釋者。小乘以耐怨害為生忍。耐勤苦為法忍。非今所用。別教以地前名生忍則淺。地上名法忍則深。亦非所用。圓教明十界假名皆空故為生忍。十界實法皆空。故為法忍。圓觀二空。無次第無淺深也。三忍者。別教則十信為信忍。三十心為順忍。登地為無生忍。圓教則初後皆信實相。悉名信忍。初後皆與實相不相違背。悉名順忍。初後皆不起二邊心。悉名為無生忍也。四忍者。別教則以十信為伏忍。順忍無生忍如前說。妙覺名寂滅忍。圓教則從初心至金剛頂。皆悉圓伏五住。皆名伏忍。初後皆悉休息眾行。通得名寂滅忍。順及無生。例如前說也。五忍者。別教以十信初心為伏。後心為信。順等如前。圓亦如前說也。六忍者。別教則分十住以為和從。十行十向為順。圓教則始終不乖實相。悉得名和從也。三結屬者。今經言局意圓。不論二忍三忍四忍五忍六忍。但取觀行位中所有諸忍。束之以為信忍。相似位中所有諸忍。束之以為順忍。分證乃至極位所有諸忍。束為無生忍也。

（壬）二釋忍義

又成就信忍者。能作如來種性故。成就順忍者。能解如來行故。成就無生忍者得如來業故。

如來無漏智慧所依妙定。名之為忍。依於此忍。發一切智。作如來種。故名信忍。依於此忍。發道種智。解如來行。故名順忍。依於此忍而發一切種智。得如來業。名無生忍。非橫非豎。可橫可豎。豎約三位。橫約一心也。初釋利益竟。

（辛）二釋作佛

漸次作佛者。略說有四種。何等為四。一者信滿法故作佛。所謂依種性地。決定信諸法不生不滅。清淨平等。無可願求故。二者解滿法故

作佛。所謂依解行地。深解法性。知如來業無造無作。於生死涅槃。不起二想。心無所怖故。三者證滿法故作佛。所謂依淨心地。以得無分別寂靜法智。及不思議自然之業。無求想故。四者一切功德行滿足故作佛。所謂依究竟菩薩地。能除一切諸障。無明夢盡故。

滿法。謂一實境界圓滿無分別法也。信滿法故。觀行即佛。解滿法故。相似即佛。證滿法故。分證即佛。功德行滿足故。究竟即佛。性恒平等。故皆名佛。修分明昧。故說有四。圓家之漸。漸無不圓。天台六即。蓋本諸此。除慢除怯。盡美盡善之法門也。二別釋竟。

(庚)三簡修二。初簡三種人。二示十種相。(辛)今初

復次當知。若修學世間有相禪者。有三種。何等為三。一者無方便信解力故。貪受諸禪三昧功德而生憍慢。為禪所縛。退求世間。二者無方便信解力故。依禪發起偏厭離行。怖怯生死。退墮二乘。三者有方便信解力。所謂依止一實境界。習近奢摩他毗婆舍那二種觀道故。能

信解一切法唯心想生。如夢如幻等。雖獲世間諸禪功德。而不堅著。不復退求三有之果。又信知生死即涅槃故。亦不怖怯。退求二乘。

上明修出世間無相禪者。速能成就三忍四佛。今簡修學世間有相禪者。則有三種差別。欲人先學大乘進趣方便。依於一實境界而修信解。庶不悞墮世間及二乘也。言有相者。即是十二門禪。所謂四禪四等四無色定。皆有境相可攀緣也。貪受諸禪而生憍慢。名增上慢。甫伏欲界思惑。仍起上界思惑。暫離欲縛。仍被禪縛。故遂違遠菩提。退求世間色無色界果報樂也。依禪發起偏厭離行者。謂由證得初禪等故。定心觀察三界過患。見生死苦。斷煩惱集。欣涅槃滅。修永離道。不復發起大悲方便也。若依一實境界以為最初方便。習學奢摩他毗婆舍那不二止觀。則知一切諸法。唯心想生。皆如夢幻。當體不實。何容於此夢幻之法。而生堅著。生怖怯耶。是知無方便信解者。貪著諸禪。則成生死有相。依禪起厭。則成涅槃空相。若有方便信解者。游戲諸禪。禪不能縛。即生死之有。便是實相之有。深觀涅槃。亦不取證。即涅槃之空。便是第一義空。實相之有。有無有相。第一義空。空無空相。一一皆成無相禪矣。

（辛）二示十種相

如是修學一切諸禪三昧法者。當知有十種次第相門。具足攝取禪定之業。能令學者成就相應。不錯不謬。何等為十。

此明不論修學無相有相諸禪。並須知此十種相門。方能成就不錯謬也。若不得此十門意者。世間初禪。尚難成就。況出世間上上禪耶。若得此十門意。則一切禪定之業。無不具足攝取成就。

一者攝念方便相。

此如天台止觀所明二十五前方便也。不論修學世出世禪。並須具之。一具五緣。二訶五欲。三棄五蓋。四調五事。五行五法。幸自細簡摩訶止觀禪波羅密等書。

二者欲住境界相。

此是內方便之初門。謂或繫緣止。或制心止。或體真正。必各各有所觀境也。

三者初住境界。分明了了。知出知入相。

此是內方便中初學安心法也。隨所觀境不令昏散。坐起則知出相。坐時則知入相。

四者善住境界。得堅固相。

此是內方便中已得安心法也。且如修安般者。則心善住於出入息。乃至修體真者。則心善住諸法空等。

五者所作思惟。方便勇猛。轉求進趣相。

且如修安般者。已得欲界粗住。轉求細住。乃至修體真者。歷觀諸法無不空也。

六者漸得調順。稱心喜樂。除疑惑信解。自安慰相。

且如修安般者。證欲界定。覺心明淨。與定相應。定法持心。無分散意。乃至修體真者。了了信解諸法本空也。

七者尅獲勝進。意所專者。少分相應。覺知利益相。

且如修安般者。從未到定。泯然虛豁。失於欲界之身。始證初禪八觸。或動或癢。或涼或暖。或輕或重。或澁或滑。隨發一觸。則有十種善法功德相應俱起。一定。二空。三明淨。四喜悅。五樂。六善心生。七知見明了。八無累解脫。九境界現前。十心調柔軟。故云少分相應覺知利益相也。乃至修體真者。發得初禪。與法空理少得相應。覺知利益也。

八者轉修增明。所習堅固。得勝功德。對治成就相。

且如修安般者。已發初禪。五支成就。所謂一覺。二觀。三喜。四樂。五一心支。不退不轉。對治欲散。具足成就初禪功德。乃至修體真者。空理增明。斷諸有結也。

九者隨心有所念作。外現功業。如意相應。不錯不謬相。

且如證初禪者。能起二種變化。謂初禪化。欲界化。證二禪者。能起三化。證三禪者。能起四化。證四禪者。能起五化。共名十四變化。乃至證體真者。能起六神通也。

十者若更異修。依前所得而起方便。次第成就。出入隨心。超越自在相。

且如證初禪者。若更異修四禪四等四無色定。並及觀練熏修一切諸禪。無不依於所得初禪而起方便。乃可次第成就。既成就已。乃能出入隨心。既隨心已。乃能超越自在。又如已證體真止者。或更異修方便隨緣止。乃至息二邊分別止。亦無不依於所得體真止而起方便。乃能次第成就。出入隨心。超越自在也。

是名十種次第相門。攝修禪定之業。

縱令修學唯心識觀真如實觀出世無相禪者。亦必有此十種次第相門。方獲成就。方與奢摩他毗婆舍那恒得相應。思之思之。二示進趣義竟。

（丙）三示善巧說二。初問。二答。（丁）今初

爾時堅淨信菩薩摩訶薩。問地藏菩薩摩訶薩言。汝云何巧說深法。能令眾生得離怯弱。

上雖開示一實境界徹底分明。猶恐愚鈍眾生。於空假中宛轉相即之義未能信解。則不能修二種觀道。故特問之。又由佛先歎其善安慰說故也。

（丁）二答為二。初示種種巧說。二明離相違過。（戊）初中二。初總示。二別明。（己）今初

地藏菩薩摩訶薩言。善男子。當知初學發意求向大乘。未得信心者。於無上道甚深之法。喜生疑怯。我當以巧便。宣顯實義。而安慰之。令離怯弱。是故號我為善安慰說者。

（己）二別明三。初慰小心怯弱。二慰不解意旨。三慰妄計自然。小心怯弱。由聞大乘即假義生。故以大乘即空慰之。不解意旨。由聞大乘即空義生。故以大乘即中慰之。妄計自然。由執即中性德義生。故以大乘修得慰之也。（庚）初中三。初明怯弱。二明善說。三明得益。（辛）今初

云何安慰。所謂鈍根小心眾生。聞無上道最勝最妙。意雖貪樂。發心願向。而復思念。求無上道者。要須積功廣極。難行苦行。自度度他。劫數長遠。於生死中久受勤苦。方乃得獲。以是之故。心生怯弱。

本為執性廢修者。說此稱性修行之法。是圓有門。而鈍根聞之。則作三大阿僧祇劫苦行之解。又以小心而生怯弱也。

（辛）二明善說

我即為說真實之義。所謂一切諸法。本性自空。畢竟無我。無作無受。無自無他。無行無到。無有方所。亦無過去現在未來。乃至為說

十八空等。無有生死涅槃一切諸法定實之相而可得者。又復為說一切諸法。如幻。如化。如水中月。如鏡中像。如乾闥婆城。如空谷響。如陽光。如泡。如露。如燈。如目瞖。如夢。如電。如雲。煩惱生死。性甚微弱。易可令滅。又煩惱生死。畢竟無體。求不可得。本來不生。實更無滅。自性寂靜。即是涅槃。

此是善說第一義空以破有執。皆約圓教空門。仍復依三諦說。初云所謂一切諸法乃至而可得者。即圓真諦。次云又復為說乃至易可令滅。即圓俗諦。後云又煩惱生死乃至即是涅槃。是圓中諦也。初言一切諸法者。即十界百界千如假實國土等法也。本性自空者。緣生無性也。畢竟無我者。十界內外諸法。推求主宰實不可得也。無作無受者。無我故無作因受果之人也。無自無他者。既無我人。則不可分別自他也。無行無到無有方所者。既無實迷。亦無實悟。無有此岸彼岸處所可分別也。亦無過去現在未來者。過去已滅。現在不住。未來未有。三世皆悉性空寂滅也。十八空者。空尚非一。那有十八。約十八境而顯空理。名十八空。所謂一內空。二外空。三內外空。四空空。五大空。六第一義空。七有為空。八無為空。九畢竟空。十無始空。十一散空。十二性空。十三自相空。十四諸法空。十五不可得空。十六無法空。十七有法空。十八無法有法空也。生滅涅槃一切諸法。皆無定實之相。所謂性真常中。求於去來迷悟生死了無所得。此則一空一切空。假中皆空。依於圓融真諦說也。如幻如化等者。非有似有。有非實有。五住煩惱。二種生死。性皆微弱易滅。此則一假一切假。空中皆假。依於圓融俗諦說也。是中舉十四喻。總是六喻九喻十喻出沒開合有殊。而義並無增減。又雖並含空假中意。而皆對治實有法執。仍屬空門。言陽光者。即是陽焰。亦名野馬。燈焰喻其易滅。目瞖妄見空華。電不久停。雲易出沒。餘並可知。又五住煩惱。二種生死。即以一實境界法性為體。故畢竟別無自體可得。即是不生不滅寂靜涅槃。此則一中一切中。空假皆中。依於圓融中諦說也。而亦對治實有法執。還屬空門。

（辛）三明得益

如此所說。能破一切諸見。損自身心執著想故。得離怯弱。

一切皆空。何所不破。涅槃尚空。況復身心情見。一切皆假。復何所不破。涅槃亦假。況復身心情見。一切非空非假。又何所不破。生死煩惱皆悉非空非假。更何得有身心情見。所以能破諸見。能損執著。令離佛道長遠之怯弱也。初慰小心怯弱竟。

（庚）二慰不解意旨三。初明不解。二明善說。三明得益。（辛）初又三。初直標不解。二示佛旨意。三正明謬解。（壬）今初

復有眾生。不解如來言說旨意故而生怯弱。

（壬）二示佛旨意

當知如來言說旨意者。所謂如來（已能）見彼一實境界故。究竟得離

生老病死眾惡之法。證彼法身常恒清涼不變等無量功德聚。復能了了見一切眾生身中。皆有如是真實微妙清淨功德。而為無明闇染之所覆障。長夜恒受生老病死無量眾苦。如來於此起大慈悲意。欲令一切眾生離於眾苦。同獲法身第一義樂。而彼法身。是無分別離念之法。唯有能滅虛妄識想不起念者。乃所應得。但一切眾生。常樂分別取著諸法。以顛倒妄想故而受生死。是故如來為欲令彼離於分別執著想故。說一切世間法。畢竟體空無所有。乃至一切出世間法。亦畢竟體空無所有。若廣說者。如十八空。如是顯示一切諸法。皆不離菩提體者。非有非無。非非有。非非無。非有無俱。非一。非異。非非一。非非異。非一異俱。乃至畢竟無有一相而可得者。以離一切相故。離一切相者。所謂不可依言說取。以菩提法中。無有受言說者。及無能言說者故。又不可依心念知。以菩提法中。無有能取可取。無自無他。離分別相故。若有分別想者。則為虛偽。不名相應。

見彼一實境界。證於中道實相體也。究竟得離生老病死。即證如實空義也。證彼無量功德。即證如實不空義也。自證三德秘藏。了知眾生同具如是三德秘藏。故起大慈大悲。欲拔其苦。欲與其樂。為說畢竟第一義空。令彼得離分別執著。然所謂一切世間法一切出世間法畢竟體空無所有者。正以十界假實國土染淨諸法。皆不離菩提體。所以別無自體。正顯因緣所生。無不即中。而菩提體。即是一實境界第一義自性清淨心如來之藏。此體本自非有非無乃至離分別相故也。言菩提體非有者。不同情計生死有故。言菩提體非無者。不同情計斷滅無故。非非有非非無者。不墮雙非戲論句故。非有無俱者。不墮雙亦相違句故。非一者。不變隨緣作種種故。非異者。隨緣不變無二性故。非非一非非異者。離戲論句故。非一異俱者。離相違句故。乃至畢竟無有一相而可得者。不墮有無一異種種四句相故。言菩提體離一切相者。以不可依言說取。亦不可依心念知故。即是言語道斷。心行處滅。方顯菩提法體。此等開示。本依圓教非有非空門說。三諦皆悉非有非空。大部般若多明此義。昧者不知。故判作空宗耳。

（壬）三正明謬解

如是等說。鈍根眾生不能解者。謂無上道如來法身但唯空法。一向畢竟而無所有。其心怯弱。畏墮無所得中。或生斷滅想。作增減見。轉起誹謗。自輕輕他。

遮遣情執。本為顯示法性無分別體。而鈍根隨語謬解。一向謂空。或生恐畏。或計斷滅。畏則作增見而轉起誹謗。謂非佛說。計則作滅見而自輕輕他。謂歸斷滅也。初明不解竟。

（辛）二明善說

我即為說如來法身。自性不空。有真實體。具足無量清淨功業。從無始世來。自然圓滿。非修非作。乃至一切眾生身中。亦皆具足。不變不異。無增無減。

此依圓教有門。直顯法身中道之體。諸佛眾生平等具足。非斷滅也。

（辛）三明得益

如是等說。能除怯弱。是名安慰。

二慰不解意旨竟。

（庚）三慰妄計自然三。初明妄計。二明善說。三明得益。（辛）今初

又復愚痴堅執眾生。聞如是等說亦生怯弱。以取如來法身本來滿足。非修非作相故。起無所得相而生怯弱。或計自然。墮邪倒見。

圓滿菩提。歸無所得。以無所得。則無所不得。故得大用現前。二利滿足。而彼妄起無所得相。則以不可湊泊而生怯弱。又妄計生佛平等。不假修習。聞說淫怒痴性即是佛性。則恣行貪恚。無慚恥心。聞說幻化空身即是法身。則寶其臭穢。不復厭離。聞說地獄天宮皆為淨土。則安此泥沙。不求出要。當今談圓頓者。類皆墮此。亦可哀

也。

（辛）二明善說

我即為說修行一切善法。增長滿足。生如來色身。得無量功德清淨果報。

此依圓教全性起修之義。仍屬有門。對治無所得見。並治自然邪倒見也。

（辛）三明得益

如此等說。令離怯弱。是名安慰。

初示種種巧說竟。

（戊）二明離相違過三。初標。二釋。三結。（己）今初

而我所說甚深之義。真實相應。無有諸過。以離相違說故。云何知離相違相。

（己）二釋為三。初釋慰怯弱者所說空義。二釋慰不解者所說不空義。三

釋慰妄計者所說修得義。（庚）今初

所謂如來法身中。雖復無有言說境界。離心想念。非空非不空。乃至無一切相。不可依言說示。而據世諦幻化因緣假名法中。相待相對。則可方便顯示而說。以彼法身性。實無分別。離自相。離他相。無空。無不空。乃至遠離一切諸相故。說彼法體為畢竟空無所有。以離心分別（之時）。想念則盡。（更）無一相而能自見自知為有。是故空義決定真實。相應不謬。

此明如來藏如實空義。與彼藏體相應不謬也。

（庚）二釋慰不解者不空義

復次即彼空義中。以離分別妄想心念故。則盡畢竟無有一相而可空者。以唯有真實故。即為不空。所謂離識想故。無有一切虛偽之相。畢竟常恒。不變不異。以更無一相可壞可滅。離增減故。又彼無分別實體之處。從無始世來。具無量功德自然之業。成就相應。不離不脫

故。說為不空。

此明如來藏如實不空義。正從如實空義而顯。恒與無分別之藏體相應也。

（庚）三釋慰妄計者所說修得義

如是實體功德之聚。一切眾生雖復有之。但為無明瞖覆障故而不知見。不能尅獲功德利益。與無莫異。說名未有。以不知見彼法體。所有功德利益之業。非彼眾生所能受用。不名屬彼。唯依徧修一切善法。對治諸障。見彼法身。然後乃獲功德利益。是故說修一切善法。生如來色身。

此明如來藏所具性德。必藉修顯。故名修得。亦不違平等體也。今更借喻以合明之。譬如室中。本無鬼魅蛇蟲。但有金銀珍寶。盲人不見。觸彼珍寶而受毀傷。妄計蛇鬼。憂怖失措。今指蛇鬼本無。名為如實空義。珍寶本有。名為實不空義。須彼盲人去無明膜。開智慧眼。方能受用金銀珍寶。名修得義。二乘信如來語。知無蛇鬼。不生恐怖。於空作證。如彼盲人兀然中坐。不觸珍寶。故不能見不空義也。又如來色身。亦如乳中醍醐。尼拘律子中五丈樹性。不可謂有。不可謂無。須藉因緣。然後得之。二釋竟。

（己）三結

善男子。如我所説甚深之義。決定真實離相違過。當如是知。

止説段中。二演説竟。

（乙）三獲益

爾時地藏菩薩摩訶薩。説如此等殊勝方便深要法門時。有十萬億眾生。發阿耨多羅三藐三菩提心。住堅信位。復有九萬八千菩薩。得無生法忍。一切大眾各以天妙香華供養於佛。及供養〔二三〕地藏菩薩摩訶薩。

初開圓解。能知如來秘密之藏。名為發無上心。信解不動。名為堅信。觀行佛也。證圓初住。名得無生法忍。分證佛也。天妙香華以為供養。表圓道無作緣了。二正說段竟。

（甲）三流通段三。初囑付受持。二結法名義。三時眾歡喜。（乙）初中二。初囑付。二受持。（丙）今初

爾時佛告諸大眾言。汝等各各應當受持此法門。隨所住處廣令流布。所以者何。如此法門。甚為難值。能大利益。若人得聞彼地藏菩薩摩訶薩名號。及信其所說者。當知是人速能得離一切所有諸障礙事。疾至無上道。

汝等各各下。正勸受持廣布。所以者何下。釋成囑勸意也。疾至無上道者。顯是圓頓純妙法門。不同方便權說。

（丙）二受持

於是大眾皆同發言。我當受持。流布世間。不敢令忘。

（乙）二結法名義二。初問。二答。（丙）今初

爾時堅淨信菩薩摩訶薩白佛言。世尊。如是所說六根聚修多羅中。名何法門。此法真要。我當受持。令末世中普皆得聞。

本是堅淨信菩薩。代為末世眾生請問。所以還請結名受持。流通永永也。由結名故。則顯真要。真是經體。要是經宗。宗體既明。方有力用也。

（丙）二答

佛告堅淨信菩薩摩訶薩言〔二四〕。此法門名為占察善惡業報。亦名消除諸障。增長淨信。亦名開示求向大乘者進趣方便。顯出甚深究竟實義。亦名善安慰說。令離怯弱。速入堅信決定法門。依如是名義。汝當受持。

結此諸名。各有通別二義。通則一部圓詮。皆是占察善惡業報之義。略如玄義所明。又皆能除障增信。皆是開示大乘進趣方便。皆能顯深實義。皆是善安慰說。別則指初示占察法。名為占察善惡業報。

指彼第二輪中修懺悔法。名為消除諸障增長淨信。指二示進趣義。名為開示求向大乘顯出甚深究竟實義。指三示善巧說。名為善安慰說令離怯弱。總此通別二義。皆令速入堅信決定法門也。又占察二字。約宗立名。善惡業報。約體立名。消除諸障增長淨信。約用立名。開示求向大乘者進趣方便。約宗立名。顯出甚深究竟實義。約體立名。善安慰說令離怯弱。約用立名。速入堅信決定法門。亦約用名。兼顯圓頓大乘教相也。二結法名義竟。

（乙）三時眾歡喜

佛說此法門名已。一切大會悉皆歡喜。信受奉行。

三義故喜。如常可知。

占察善惡業報經疏卷下

跋語

憶辛未冬。寓北天目。有溫陵徐雨海居士。法名弘鎧。向予說此占察妙典。予乃倩人特往雲棲請得書本。一展讀之。悲欣交集。癸酉冬日。寓金庭西湖寺。依經立懺。乙亥夏初。寓武水智月庵。講演分科。是時即有作疏之願。病冗交沓。弗克如願。屈指十五年來。梵網。佛頂。唯識。法華。皆已註釋。獨此夙願。尚未填還。亦可歎也。今庚寅年。閱世已及五十二歲。百念灰盡。偶有同志數人。仍來結夏北天目之藏堂。究心毗尼。予念末世欲得淨戒。捨此占察輪相之法。更無別途。爰命筆於六月朔日。成稿於十有四日。輸一滴以益大海。捧一塵而培須彌。雖無補於高深。庶善鑽於乳酪。公我同志。共享醍醐。前安居第四褒灑陀前一夜蕅益智旭閣筆故跋

占察善惡業報經疏卷下

助刻姓氏

修如四兩　照南　成忠　音泰　聞磬　如修　通章　成因　智福

慧朗　邵淨藏　萬淨地　各三錢　智觀　寂智各二錢　正法　邇幻　等

念各一錢　成霖　智鎧　通權　淨戒　淨果　祖茂榮　祖茂華　王繼

祖　李氏　葛氏　王氏　祖國昌　觀聖　聖壽　觀龍　共二兩

附録

《靈峰贊地藏菩薩別集》選錄

《靈峰贊地藏菩薩別集》，一卷，明蕅益大師撰，清演音集。

弘一大師在別集前云：「蕅益大師少年在俗常謗佛法，後聞地藏菩薩本願，乃發出世之心。故其一生盡力宏揚讚歎地藏菩薩。余見《靈峰宗論》中，贊地藏文甚多，因孳錄之，輯為一卷，名曰《靈峰贊地藏菩薩別集》。今附錄之，以廣法益。是書分為五門。」（錄者注：五門為：（一）關於十輪經者、（二）關於占察經者、（三）關於本願經者、（四）關於滅定業真言者、（五）雜著。今節錄關於占察經者附之。）

占察善惡業報經疏自跋

文見前。

刻占察行法助緣疏

文云：易曰：積善之家必有餘慶，積不善之家必有餘殃。書曰：惠迪吉，從逆凶，惟影響。作善降之百祥，作惡降之百殃。因果報應之説，未嘗不彰明較著於世間也。但儒就現世論，未足盡愚者之疑情。自釋典入支那，備明三世果報，益覺南宮所悟及孔子尚德之稱，事理不誣。然三藏權詮，只明因緣生法，未直明因緣無性，故云佛能轉一切業，不能轉定業。逮大乘會中，始廣明格外深慈，建勝異方便，依萬法唯心、緣生無性之理，設取相、無生二懺以通作法之窮。然後罪無大小，障無淺深，依教行持，悉堪消滅。如赫日當空，霜露頓收也。

昧者謂重罪許懺，開造罪門。蓋不惟罔識佛菩薩之弘慈，亦豈知儒者之了義。孔子云：過而不改，是謂過矣；憂悔吝者存乎介，震無咎者存乎悔，蓋明示人以自新之端矣。夫罪有重輕，事非一概。世法不能治，佛法治之；作法不能治，取相治之；取相不能治，無生治之。則究竟離苦解脱之法，不得不歸功佛門，又不得不歸功觀音、地藏諸大士也。觀音應十方世界，尤於五濁有緣。地藏游五濁娑婆，尤於三塗悲重。如父母等愛諸子，而於幼者及無能者尤所鍾情。此占察善惡業報經，誠末世多障者之第一津梁也。堅淨信菩薩殷勤致請，釋迦牟尼佛珍重付囑。三根普利，四悉咸周；無障不除，無疑不破。三種輪相全依理以成事，故可即事達理；二種觀道全即事而入理，未嘗執理廢事。又復詳陳懺法，即取相即無生，初無歧指；開示稱名，觀法身觀己身，頓同一致。乃至善安慰説，種種巧便不違實理。此二卷經，已收括一代時教之大綱，提挈性相禪宗之要領，曲盡佛祖為人之婆心矣。予依經立懺。程用九居士捐資，並募善信助成之。此正欲立立人、欲達達人之極致也。誰謂學佛非儒者分內事哉！

與沈甫受、甫敦書

文云：占察行法，蒙昆玉梓梵冊。而不肖屢結壇，俱不獲清淨輪相。此可信天下後世耶。今誓作背水陣，掩死關禮之。

與聖可書

文云：不肖三業罪過不少，雜亂垢心豈致清淨輪相。爰發慚愧，退作但三歸人；誓不為師作範，誓不受人禮拜，誓不出山。誓得清淨輪相，不論百日千日六年九年，畢死為期。辭嘉興事竟，嗣當辭留都事也。

與了因及一切緇素書

文云：宋儒云：才過德者不祥，名過實者有殃，文過質者莫之與長。旭一人犯此三病，無怪久滯凡地，不登聖階也。旭十二三時，因任道學而謗三寶，此應墮無間獄，彌陀四十八願所不收。善根未殞，密承觀音、地藏二大士力，轉疑得信，轉邪歸正。二十年來力弘正法，冀消謗法之罪。柰煩惱深厚，於諸戒品説不能行。癸酉中元拈鬮，退作菩薩沙彌。蓋以為今比丘則有餘，為古沙彌則不足，甯舍有餘企不足也。夙障深重，病魔相纏，從此為九華之隱，以為可終身矣。半年餘，又漸流布。浸假而新安而閩地而苕城，檇李留都，虛名益盛，實德益荒。今夏感兩番奇疾，求死不得。平日慧解雖了了，實不曾得大受用。且如占察行法一書，細玩精思，方敢遵古式述成。仔細簡點，並無違背經宗。乃西湖禮四七不得清淨輪相，去年禮二七不得，今入山禮一七又一日仍不得。禮懺時，煩惱習氣現起更覺異常。

故發決定心，盡舍菩薩沙彌所有淨戒，作一但三歸弟子。待了因進山，作千日關房，邀佛菩薩慈悲拔濟。不然者，寧粉此骨於關中矣。

佛菩薩上座懺願文

文云：（上略）曾聞造像功德，最能滅罪除愆。禮拜懺摩，實可洗心滌慮。爰發虔誠，集資改造一佛二菩薩像。仍發誓願，恒禮占察行法，不論年月，專祈純善輪相。衆生雖垢重，諸佛不厭舍。必以大慈悲，哀愍度脫我。使我從今以後，心無掉舉，身得輕安。護口過而勿出綺語惡言，淨意地而不起雜思欲覺。速得清淨三輪，克臻自他二利。普化衆生，同生淨土。

贈石淙掩關禮懺占輪相序

文云：（上略）曩覺比丘多慚，退為求寂。今更愧沙彌真義，僅稱但三歸矣。敢更以空言贈人。然竊玩占察善惡業報一經，原屬釋迦大聖徹底悲心，地藏菩薩格外方便。三種輪相，巧示業報因緣，無疑不決。二種觀道，深明進趣方便，大乘可登。以五悔稱名為發軔先容，以一實境界為平等歸趣。夫五悔者敵體反世情者也，二觀者敵體反妄想計著者也。懺悔發露，永斷相續，滅業障。勸請說法，滅魔障。隨喜功德，滅嫉妒障。善巧迴向，滅著有障。發堅固願，滅退忘障。唯心識觀，先知外境本虛皆心所現，次達內心如幻了無真實。真如實觀，深達若境若心統惟法性，法性不生不滅，故諸法皆當體不生不滅。如千漚萬波統惟濕性，千器萬像統惟金性。五悔翻破無始事障，二觀翻破無始理障。二障既淨，成真應二身，三聚淨戒一念圓發。而三輪清淨之相，特表示取信，以顯住持僧寶絕仍可續。孟軻所謂豪傑之士無文王猶興，聞而知之不異見而知之云爾。嗟乎。予能知占察大旨依經立懺，而未能自得輪相，人誰信之。此實說藥不服，咎不在藥也。良方良藥昭昭具在，地藏菩薩決不我欺。我已知不服之咎，誓將服之。而石淙法友先得我心，亦將掩關以祈清淨。願各努力，日夜塗抹。並慎藥忌，避風寒。他日紹舍那真胤，靈峰片石當與靈鷲第一峰同時點首矣。

祖堂結大悲壇懺文

文云：（上略）智旭於四十六歲，自反多愧，退作但三歸人。勤禮千佛萬佛及占察行法。幸蒙諸佛菩薩大慈大悲，於今年正月元旦，錫以清淨輪相。稍自慰安。（下略。案：大師於癸酉三十五歲七月十五日退為菩薩沙彌，遂發心禮占察懺法。甲申四十六歲，退為但三歸人。乙酉四十七歲正月元旦，乃獲清淨輪相，得比丘戒。）

占察行法願文（案：此文為大師既獲清淨相後一年丙戌所作。）

文云：歸命慈威無等尊，拔苦與樂真出要，定力能除三劫災，救世真士垂悲拯。弟子智旭痛念劫濁難逃，刀兵競起。雖云同分妄見，實非無因誤招。往業莫追，來事可諫。爰偕同志某等（十人）各捐淨資，營修供養。三日方便，七日正修。如法結清淨壇，頂禮占察行法。六時行道，五悔煉心。哀籲同體大悲，懇乞無緣拔濟。伏念眾生障垢雖至重至深，三寶洪慈終不厭不舍。苟一念知改過，必隨許以自新。況釋迦本師勇猛稱最，地藏大士誓願無忘。子幼弱父愛偏強，兒不肖母憐益甚。憫茲匍匐入井之愚，賜以身手衣裲之用。俾毫光照處，消兵戈為瑞日祥雲。法雨沾時，轉邪孽為道芽靈種。所願風調雨順，國泰民安。正教流通，魔邪竄絕。次祈比丘智旭身無病苦，心脫結纏。定與慧而等持，戒並乘而悉淨。期主某法社雖復三年，攝護願如一日。某等各各真為生死，發菩提心。克除習氣，臻修法門。三學圓成，二嚴克備。續佛慧命，普利人天。又祈外壇隨喜緇素，悟知一實，開顯三因。二觀圓修，三忍圓證。又祈外護助緣，廣及法界含識，若見若聞，若不聞見，等植良因，均沾勝益。又祈江北江南乃至震旦域內，近日遭兵難者，種種債負消除，一一怨嫌解釋。脫幽冥之劇苦，胎蓮萼以超升。恭乾法界三寶地藏聖師，真實證知，真實攝受。

化持地藏菩薩名號緣起

文云：吾人最切要者，莫若自心。世間善明心要者，莫若佛法。然佛法非僧不傳，僧寶非戒不立。戒也者，其佛法綱維，明心要徑乎。慨自正教日替，習俗移人。髡首染衣，不知比丘戒為何事。一二弘律學者，世諦流布，開遮持犯，茫無所曉。況增上威儀，增上淨行，增上波羅提木叉乎。又況依四念處行道，增心增慧，以成三聚五支者乎。嗟！嗟！三聚五支不明，謂大乘僧寶，吾不信也。僧既有名無義，謂傳持佛法明瞭自心，吾尤不信也。堅淨信菩薩憫之，以問釋尊。釋尊倍憫之，委責地藏大士。大士更深憫之，爰説占察善惡業報經。經云：惡業多厚者，不得即學定慧，當先修懺法。所以者何？此人宿習惡心猛利，現在必多造惡毀犯重禁。若不懺淨而修定慧，則多障礙，不能克獲。或失心錯亂，或外邪所惱，或納受邪法增長惡見。故先修懺悔。若戒根清淨及宿世重罪得微薄者，則離諸障。又云：雖學信解修唯心識觀、真如實觀，而善根業薄未能進趨，諸惡煩惱不得漸伏，其心疑怯怖畏及種種障礙，應一切時處，常勤誦念我之名字。若得一心，善根增長，其意猛利。當觀我及諸佛法身與己自身體性平等，無二無別，不生不滅，常樂我淨，功德圓滿，是可歸依。又觀自身心相，無常苦無我不淨，如幻如化，是可厭離。如是觀者，速得增長淨信之心，所有諸障漸漸損減。此人名為學習聞我名者。若雜亂垢心誦我名字，不名為聞。以不能生決定信解，但獲世間善報，不得廣大深妙利益。（案已上九行余皆撮引經文）嗟嗟。由此觀之。戒不清淨，二觀決不易修；二觀不修，一實何由證契。而欲戒根清淨，舍懺悔持名豈更有方便哉！且持名一法，自其淺近言之，愚夫愚婦孰不能矣口。自其深遠言之，不達法身平等，雜亂垢心不得名為聞矣。故知以二觀為指南，能修二觀方為聞菩薩名。以聞名為方便，真實持名便是圓攝二觀。故名聞障淨，障淨戒得，戒得定慧發生，定慧而一，實證入矣，明心見性，是真僧寶，真傳佛法。吾輩生末葉，聞此真法，宜如何努力以自勉也。

蕅益大師示念佛法門

念佛法門，別無奇特，只深信力行為要耳。佛云：若人但念彌陀佛，是名無上深妙禪。天台云：四種三昧，同名念佛，念佛三昧，三昧中王。雲棲云：一句阿彌陀佛，該羅八教，圓攝五宗。可惜今人，將念佛看做淺近勾當，謂愚夫愚婦工夫。所以信既不深，行亦不力，終日悠悠，淨功莫克。設有巧設方便，欲深明此三昧者，動以參究誰字為向上。殊不過現前一念能念之心，本自離過絕非，不消作意離絕。即現一句所念之佛，亦本自超情離計，何勞說妙譚玄。只貴信得及，守得穩，直下念去，或晝夜十萬，或五萬三萬，以決定不缺為准。畢此一生，誓無變改。若不得往生者，三世諸佛便為誑語。一得往生，永無退轉，種種法門，咸得現前。切忌今日張三，明日李四。遇教下人，又思搭衣用鉢。此則頭頭不了，帳帳不清。豈知念得阿彌陀佛熟，三藏十二部極則教理，都在裏許。千七百公案，向上機關，亦在裏許。三千威儀，八萬細行，三聚淨戒，亦在裏許。真能念佛，放下身心世界，即大佈施。真能念佛，不復起貪瞋痴，即大持戒。真能念佛，不計是非人我，即大忍辱。真能念佛，不稍間斷夾雜，即大精進。真能念佛，不復妄想馳逐，即大禪定。真能念佛，不為他歧所惑，即大智慧。試自檢點，若身心世界猶未放下，貪瞋痴念猶自現起，是非人我猶自掛懷，間斷夾雜猶未除盡，妄想馳逐猶未永滅，種種他歧猶能惑志，便不為真念佛也。要到一心不亂進境界，亦無他術。最初下手，須用數珠，記得分明，刻定課程，決定無缺。久久純熟，不念自念，然後記數亦得，不記亦得。若初心便要說好看話，要不著相，要學圓融自在，總是信不深，行不力。饒汝講得十二分教，下得千七百轉語，皆是生死岸邊事。臨命終時，決用不著，珍重。

蕅益大師法語

（示曇生方丈）境緣無好醜，好醜起於心。愚人除境不除心，至人除心不除境。心既除矣，境豈實有。達境本空，便能素位而行，不願乎外。以所歷位，無非無外之法界也。知皆即法界，不自得。稍或未然，則富貴能淫之，貧賤能移，夷狄患難能屈之矣。孟子論素位而行，則曰，居天下之廣居，立天下之正位，行天下之大道。其在吾門，則曰，入如來室，坐如來座，著如來衣。要之皆不為物轉，方能轉物也。

蕅益大師編訂《十善業道經節要》附說十惡果報

戒殺生。得成十種離惱法。一於諸眾生普施無畏。二常於眾生。起大慈心。三永斷一切瞋恚習氣。四身常無病。五壽命長遠。六恒為非人之所守護。七常無惡夢。寢覺快樂。八滅除怨結眾怨自解。九無惡道怖。十命終生天。

犯殺生。得成十種惱法。一於諸眾生普施有畏。二常於眾生。起大害心。三難斷一切瞋恚習氣。四身常有病。五壽命短促。六恒為非人之所惱害。七常有惡夢。寢覺不樂。八難除怨結眾恐不解。九有惡道怖。十命終惡趣。

戒偷盜。得成十種可保信法。一資財盈積。王賊水火及非愛子。不能散滅。二多人愛念。三人不欺負。四十方讚美。五不憂損害。六善名流布。七處眾無畏。八財命色力安樂。辯才具足無缺。九常懷施意。十命終生天。

犯偷盜。得成十種不可保信法。一資財縱盈積。王賊水火。及非愛子。皆能散滅。二多人不愛念。三人能欺負。四十方譭謗。五常憂損害。六惡名流布。七處眾有畏。八財命色力不安樂。辯才不足有缺。九不懷施意。十命終惡趣。

戒邪淫。得四種智人所贊法。一諸根調順。二永離喧掉。三世所稱歎。四妻莫能侵。

犯邪淫。得四種智人不贊法。一諸根不調順。二不離喧掉。三世所厭惡。四妻常能侵。

戒妄語。得八種人天所贊法。一口常清淨。舌根優鉢花香。二為諸世間之所信服。三發言誠證。人天敬重。四常以愛語。安慰眾生。五得勝意樂。三業清淨。六言無誤失。心常歡喜。七發言尊重人天奉行。八智慧乃殊勝。無能制伏。

犯妄語。得八種人天不贊法。一口常不淨。舌根臭穢薰蒸。二為諸世間之所不服。三發言不誠證。人天不敬重。四常以惡語。惱害眾生。五得劣意業。三業不淨。六言常誤失。心常憂愁。七發言輕浮。人天不奉行。八智慧乃下劣。人能制伏。

戒兩舌。得五種不可懷法。一得不壞身。無能害故。二得不壞眷屬。無能破故。三得不境信。順本業故。四得不壞法行。所修堅固故。五得不壞善知識。不誑惑故。

犯兩舌。得五種可壞法。一得能壞身。有能害故。二得能壞眷屬。有能破故。三得能壞信。違本業故。四得能壞法行。所修不堅固故。五得能壞善知識。常誑惑故。

戒惡口。得成就八種淨業。一言不乖度。二言皆利益。三言必契理。四言詞美妙。五言可承領。六言則信用。七言無可譏。八言盡愛樂。

犯惡口。不成就八種淨業。一言常乖度。二言不利益。三言不契理。四言詞粗獷。五言難承領。六言不信用。七言多可譏。八言盡不樂。

戒綺語。得成就三種決定。一定為智人所愛。二定能以智。如實答問。三定於人天威德最勝。無有虛妄。

犯綺語。不成就三種決定。一定為智人所訶。二定難以智。如實答問。三定於人天威德。難最勝。定有虛妄。

附四分律酒戒一條

戒酒。得成就十種無過失法。一顔色不惡。二不少力。三眼視明。四現無瞋恚相。五不壞田業資生法。六不致疾病。七不益鬥訟。八無名稱惡名流布。九智慧不減少。十身壞命終。不墮三惡道。

犯酒。得成就十種過失法。一顔色惡。二少力。三眼視不明。四現瞋恚相。五能壞田業資生法。六增致疾病。七能益鬥訟。八名稱惡名流布。九智慧減少。十身壞命終。墮三惡道。

戒貪欲。得成就五種自在。一三業自在。諸根具足。二財物自在。一切怨賊不奪。三福德自在。隨欲物備。四王位自在。珍奇皆奉。五所獲勝物。過本所求。

犯貪欲。不成就五種自在。一三業不淨。諸根不足。二財物不自在。一切怨賊能奪。三福德不自在。隨欲難物備。四王位不自在。珍奇難皆奉。五所獲劣物。非本所求。

戒瞋恚。得八種喜悅心法。一無損惱心。二無瞋恚心。三無諍訟心。四柔和質直心。五得聖慈心。六常作利益安眾生心。七身相端嚴。眾共尊敬。八以和忍故。速生梵世。

犯瞋恚。不得八種喜悅心法。一有損惱心。二有瞋恚心。三有諍訟心。四粗獷諂曲心。五得凡害心。六不作利益安眾生心。七身相不端嚴。眾共不敬。八以粗獷故。速生惡趣。

戒邪痴見。得成就十功德法。一得真善意樂。真善等侶。二深信因果。寧損身命。終不作惡。三惟歸依佛。非餘天等。四直心正見。永離一切吉凶疑網。五常生人天。不更惡道。六無量福慧轉轉增勝。七永離邪道。行於聖道。八不起身見。舍諸惡業。九住無礙見。十不墮諸難。

犯邪痴見。不成就十功德法。一失真善意樂。真善等侶。二不信因果。寧損身命終作惡。三惟歸依外道餘天等。四曲心邪見。難離一切吉凶疑網。五常生惡趣。不更善道。六無量邪慧。轉轉增勝。七永離正道行於非道。八常起身見。舍諸善業。九住有礙見。十常墮諸難。

蕅益大師編訂《善惡十界業道品》

上品十惡　若念念之間。計著我人。專為名利。益己損他。不思反復。身口意業。純隨妄習。不信三寶。毀諸事戒。錯誤因果。殺害所尊。是名地獄業道。

中品十惡　若念念之間。計著我人。專恣情欲。不知慚愧。盲無所曉。痴暗昏愚。多諸怨結。是名畜生業道。

下品十惡　若念念之間。計著我人。慳貪嫉妒。不知植福。但積罪根。是名餓鬼業道。

下品十善　若念念之間。存諂誑心。無質直意。外施仁義。內計我人。種種所作。情存勝負。是名修羅業道。

中品十善　若念念之間。畏我墮苦。節制五欲。秉心歸戒。希求後有。是名人趣業道。

有漏上品十善　若念念之間。願我未來。恒受勝樂。廣作眾福。制止諸罪。乃至攝散入禪。訶色入空。是名天趣業道。

無漏上品十善　若念念之間。觀察三界苦空無常無我。依四念處。深信緣起。永斷希求後有之心。唯志寂滅無為之樂。是名二乘(兼攝聲聞)業道。

亦漏無漏上品十善　若念念之間。緣於苦集二諦而起大悲。緣於道滅二諦而起大慈。深觀我法二空。湣物昏迷。種種方便令其覺悟。遍十方界。無有分劑。盡未來時。無有疲厭。不求恩報。不圖名稱。不冀他知。不見能所。是名菩薩業道。

非漏非無漏上上品十善　若念念之間。觀於諸法實相。即權而實。理事平等。即實而權。千如差別。寂而常用。萬行雲興。用而常寂。一際無際。不作一想。不作一切想。而能了知一即一切。一切即一。微塵刹土。不隔毫端。十世古今。不離當念。身遍十方。而無合散。智入三世。而無往來。是名佛界業道。

弘一大師《普勸淨宗道侶兼持誦地藏經》

予來永春，迄今一年有半。在去夏時王夢惺居士來信，為言擬偕林子堅居士等將來普濟寺，請予講經。斯時予曾復一函，俟秋涼後即入城講《金剛經》大意三日。及秋七月，予以掩關習禪，乃不果往。日昨夢惺居士及諸仁者入山相訪，因雨小住寺院，今日適逢地藏菩薩聖誕，故乘此勝緣，為講淨宗道侶兼持誦《地藏經》要旨，以資紀念。

淨宗道侶修持之法，固以淨土三經為主。三經之外，似宜兼誦《地藏經》以為助行。因地藏菩薩，與此土眾生有大因緣。而《地藏本願經》，尤與吾等常人之根器深相契合。故今普勸淨宗道侶，應兼持誦《地藏菩薩本願經》。謹述旨趣於下，以備淨宗道侶采擇焉。

一、淨土之於地藏，自昔以來，因緣最深。而我八祖蓮池大師，撰《地藏本願經》序，勸贊流通。逮我九祖蕅益大師，一生奉事地藏菩薩，讚歎弘揚益力。居九華山甚久，自稱為『地藏之孤臣』。並盡形勤禮地藏懺儀，常持地藏真言，以懺除業障，求生極樂。又當代淨土宗泰斗印光法師，於《地藏本願經》尤盡力弘傳流布，刊印數萬冊，令淨業學者至心讀誦，依教行持。今者竊遵淨宗諸祖之成規，普勸同仁兼修並習。勝緣集合，蓋非偶然。

二、地藏法門以三經為主。三經者：《地藏菩薩本願經》、《地藏菩薩十輪經》、《地藏菩薩占察善惡業報經》。《本願經》中雖未顯說往生淨土之義，然其他二經則皆有之。《十輪經》云：『當生淨佛國，導師之所居。』《占察經》云：『若人欲生他方現在淨國者，應當隨彼世界佛之名字，專意誦念，一心不亂，如上觀察者，決定得生彼佛淨國。』所以我蓮宗九祖蕅益大師，禮地藏菩薩占察懺時發願文云：『捨身他世，生在佛前，面奉彌陀，歷侍諸佛，親蒙授記，迴入塵勞，普會群迷，同歸秘藏。』由是以觀，地藏法門實與淨宗關係甚深，豈唯殊途同歸，抑亦發趣一致。

三、《觀無量壽佛經》，以修三福為淨業正因。三福之首，曰孝養父母。而《地藏本願經》中，備陳地藏菩薩宿世孝母之因緣。故古德稱《地藏經》為『佛門之孝經』，良有以也。凡我同仁，常應讀誦《地藏本願經》，以副《觀經》孝養之旨。並依教力行，特崇孝道，以報親恩，而修勝福。

四、當代印光法師教人持佛名號求生西方者，必先勸信因果報應，諸惡莫作，眾善奉行，然後乃云：『仗佛慈力，帶業往生。』而《地藏本願經》中，廣明因果報應，至為詳盡。凡我同仁，常應讀《地藏本願經》，依教奉行，以資淨業。倘未能深信因果報應，不在倫常道德上切實注意，則豈僅生西未能，抑亦三塗有分。今者竊本斯意，普勸修淨業者，必須深信因果，常檢點平時所作所為之事。真誠懺悔，努力改過。復進而修持五戒十善等，以為念佛之助行，而作生西之資糧。

五、吾人修淨業者，倘能於現在環境之苦樂順逆一切放下，無所掛礙。依苦境而消除身見，以逆緣而堅固淨願，則誠甚善。但如是者，千萬人中罕有一二。因吾人處於凡夫地位，雖知隨分隨力修習淨業，而於身心世界猶未能徹底看破，衣食住等不能不有所需求，水火刀兵饑饉等天災人禍亦不能不有所顧慮。倘生活困難，災患頻起，即於修行作大障礙也。今若能歸信地藏菩薩者，則無此慮。依《地藏經》中所載，能令吾人衣食豐足，疾疫不臨，家宅永安，所求遂意，壽命增加，虛耗辟除，出入神護，離諸災難等。古德云：身安而後道隆。即是之謂。此為普勸修淨業者，應歸信地藏之要旨也。

以上略述持誦《地藏經》之旨趣。義雖未能詳盡，亦可窺其梗概。惟冀淨宗道侶，廣為傳佈。於《地藏經》至心持誦，共獲勝益焉。（庚辰地藏誕日在永春　王夢惺記）

校勘説明

本書以台湾佛教出版社影印《蕅益大師全集》民國木刻本第四冊《占察善惡業報經義疏》（簡稱「木刻本」）為底本，以《卍新纂续藏经》第21冊No.0370《占察善惡業報經玄義》和No.0371《占察善惡業報經義疏》（簡稱「《卍新纂续藏经》本」為參校本，同時參考了《乾隆大藏經》和《日本大正藏》的《占察善惡業報經》經文，儘量保持《蕅益大師全集》本原貌，對個別錯訛之處作了修訂（正文中均已作出序號標註），具體如左：

〔一〕「菩」，木刻本誤作「善」，據《卍新纂续藏经》本改之。（p19）

〔二〕「上」，木刻本誤作「十」，據《卍新纂续藏经》本改之。（p20）

〔三〕木刻本脫「十」字，據《卍新纂续藏经》本補之。（p37）

〔四〕木刻本脫「他」字，據《卍新纂续藏经》本補之。（p63）

〔五〕「四辨用竟」四字木刻本、《卍新纂续藏经》本皆無，據日本早稲田大學館藏本補之。（p64）

〔六〕「開化示導」，木刻本原作「開示化導」，今據《龍藏》《大正藏》經文改。（p72）

〔七〕「誠」，《大正藏》經文作「成」，蕅益大師云：或作「成」。經文此處改作「成」，本書仍遵《義疏》原文。（p73）

〔八〕及，木刻本誤作「又」，據《卍新纂续藏经》本改之。（p76）

〔九〕「説」，《乾隆大藏經》、《大正藏》本經經文均作「演」。（p77）

〔十〕「所」字木刻本經文無，據《大正藏》本經經文補之。（p85）

〔十一〕「次」字木刻本原作「以」，《大正藏》經文作「次」，今據其改之。（p96）

〔十二〕「始從」，《乾隆大藏經》《大正藏》本經經文均作「從始」。（p113）

〔十三〕「當應」，《乾隆大藏經》《大正藏》本經經文均作「應當」。（p113）

〔十四〕「色」，木刻本原無，據《乾隆大藏經》《大正藏》本經補之。（p114）

〔十五〕「世」，木刻本原作「時」，據《乾隆大藏經》、《大正藏》本經經文改之。（p116）

〔十六〕「式」，木刻本誤作「叉」，據《卍新纂续藏经》本改之。（p121）

〔十七〕木刻本無「書」字，據《乾隆大藏經》本經經文補之。（p123）

〔十八〕「正實」，木刻本原作「真實」，據《乾隆大藏經》、《大正藏》本經經文改之。（p128）

〔十九〕「住」，木刻本誤作「在」，據《卍新纂续藏经》本改之。（p134）

〔二十〕「又」，木刻本原無，據《乾隆大藏經》《大正藏》本經經文補之。（p136）

〔二一〕「而」，木刻本誤作「需」，據《卍新纂续藏经》本改之。（p145）

〔二二〕「二」，木刻本誤作「一」，據《卍新纂续藏经》本改之。（p164）

〔二三〕「供養」，木刻本原無，據《乾隆大藏經》《大正藏》本經經文補之。（p212）

〔二四〕「摩訶薩言」，木刻本原無，據《乾隆大藏經》、《大正藏》本經經文補之。（p214）

本書还對個別異體字、混用字作了更正（括號内為本書用字），説明如左：

于（於）毘（毗）勗（勖）餤（焰）眞（真）虗（虚）羣（群）讃（讚）

遊（游）啓（啟）婬（淫）瑠（琉）遍（徧）刹（剎）耑（專）癡（痴）畨（番）等。本書不妥之處，敬請諸位大德仁者批評指正。

校者甲午年春月　謹識

知恩報恩

孝親尊師

古德云。佛法之興盛也。三學一源。其季也。三學鼎立。其衰也。三學互諍。其極也。三學內訌。至內訌。一切人皆為破法之人。一切法皆賊人之法。斯時也。非遡其源。曷救正哉。當其時。唯孤臣孽子。力揭三學一源。萬法一如。萬法一體。世界族群宗教本來是一家。自他不二。以救之耳。世尊之律之禪之教。總是教人看破諸法實相。放下情執妄想。同歸涅槃耳。律以斷惡修善。禪以明心見性。而無一法可得。教以澈法根源。明了諸法實相。究竟放下為宗。三教本來一源也。

淨空時年八十有七

國家圖書館出版品預行編目資料

占察善惡業報經義疏暨行法／（隋）外國沙門菩提燈、（明）蕅益大師作. －－初版. －－ 新北市：華志文化, 2014. 08
面；　公分. －－（佛學講座；01）

ISBN　978-986-5936-91-4（平裝）

1. 經集部

221.781　　　　103013249

華志文化事業有限公司
系列／佛學講座 001
書名／占察善惡業報經義疏暨行法

作者　(隋)外國沙門菩提燈、(明)蕅益大師
執行編輯　林雅婷
美術編輯　簡郁庭
封面設計　王志強
文字校對　陳麗鳳
企劃執行　康敏才
總編輯　黃志中
社長　楊凱翔
出版者　華志文化事業有限公司
電子信箱　huachihbook@yahoo.com.tw
地址　116 台北市文山區興隆路四段九十六巷三弄六號四樓
電話　02-22341779
印製排版　辰皓國際出版製作有限公司

總經銷商　旭昇圖書有限公司
地址　235 新北市中和區中山路二段三五二號二樓
電話　02-22451480
傳真　02-22451479
郵政劃撥　戶名：旭昇圖書有限公司（帳號：12935041）
電子信箱　s1686688@ms31.hinet.net

出版日期　西元二〇一四年八月初版第一刷
售價　三〇〇元

Printed in Taiwan